Kostenlose Online-Spiele Entdecken

Hier Erhältlich:

BestActivityBooks.com/FREEGAMES

5 TIPPS FÜR DEN ANFANG!

1) LÖSUNG DER RÄTSEL

Die Puzzles haben ein klassisches Format :

- Die Wörter sind ohne Abstand, Bindetrich usw… versteckt
- Richtung : vor-& rückwärts, auf & ab oder in der Diagonale (beider Richtungen)
- Die Wörter können übereinanderliegen oder sich kreuzen

2) AKTIVES LERNEN

Neben jedem Wort ist ein Abstand vorgesehen zum Aufschreiben der Übersetzung. Um ihre Kenntnisse zu überprüfen und zu erweitern befindet sich am Ende des Buches ein **WÖRTERBUCH**. Suchen sie die Übersetzungen, schreiben sie sie auf, dann können sie sie in den. Puzzles suchen und ihrem Wortschatz hinzufügen.

3) ANZEICHNUNG DER WÖRTER

Haben sie schon einmal versucht eine Anzeichnung zu verwenden? Sie könnten zum Beispiel die Wörter, die schwer zu finden sind, ankreuzen, die Wörter, die sie lieben, mit einem Stern, neue Wörter mit einem Dreieck, seltene Wörter mit einem Diamant usw … anzeichnen

4) IHR LERNEN ORGANISIEREN

Am Ende dieser Ausgabe bieten wir auch ein praktisches **NOTIZBUCH** an. Ob im Urlaub, auf Reisen oder zu Hause, sie können ihr neues Wissen ganz einfach organisieren, ohne ein zweites Notizbuch zu benötigen!

5) SIND SIE AM SCHLUSS ?

Gehen sie zum Bonusbereich : **MONSTER-HERAUSFÖRDERUNG,** um ein kostenloses Spiel zu finden, das am Ende dieser Ausgabe angeboten wird !

Lust auf mehr Spaß und **Lernaktivitäten**? **Schnell und einfach :** eine ganze Spielbuchsammlung mit einem einzigen Klick erhaltbar :

Mit diesem Link finden sie ihre nächste Herausforderung :

BestActivityBooks.com/MeineNachsteWortsuche

Achtung, fertig, ... Los !!

Wussten sie, dass es auf der Welt ungefähr 7.000 verschiedene Sprachen gibt ? Wörter sind kostbar.

Wie lieben Sprachen und haben schwer daran gearbeitet, die Bücher von höchster Qualität für sie zu entwerfen. Unsere Zutaten ?

Eine Auswahl von angepassten Lernthemen, drei große Scheiben Spaß, dann fügen wir einen Löffel schwieriger Wörter und eine Prise seltener Wörter hinzu. Wir servieren sie mit Sorgfalt und ein Maximum an Freude, damit sie die besten Wortspiele lösen und Spaß am Lernen haben.

Ihre Meinung ist wichtig. Sie können aktiv zum Erfolg dieses Buches beitragen, indem sie uns eine Bemerkung hinterlassen. Sagen sie uns, was ihnen an dieser Ausgabe am besten gefallen hat !!

Hier ist ein kurzer Link, der sie zu ihrer Bewertungsseite führt

BestBooksActivity.com/Rezension50

Vielen Dank für ihre Hilfe und viel Spaß

Linguas Classics

1 - Gesundheit und Wellness #2

ز	ض	ع	م	ع	ل	م	ا	ل	و	ر	ا	ث	ة
ف	س	د	د	ر	آ	ة	ص	م	ة	م	ف	س	ي
ت	س	و	إ	ع	ض	ح	ظ	ذ	ا	س	د	ض	ه
ر	ك	ى	ذ	ك	ط	س	ر	ف	ئ	ت	و	ب	ش
ح	ي	ر	ش	ت	ك	ا	ف	ز	ل	ش	ن	ن	ن
ص	ل	ا	ك	ة	ة	س	ص	ح	ي	ف	ي	ب	م
ط	د	ل	ض	ق	ذ	ي	س	ت	ق	ى	م	ل	ب
خ	ت	ث	ل	ا	ل	ة	ا	ل	ن	ظ	ا	ف	ة
ى	ي	ك	د	ط	ت	ي	ئ	ئ	ظ	م	ت	ي	ي
ى	ض	ج	ح	غ	ن	ذ	ي	ت	د	د	ي	ش	م
ف	خ	ث	ح	ض	ك	غ	ى	ن	ى	ى	ف	ى	ح
خ	د	ئ	ي	ن	آ	ت	ا	ل	م	خ	ا	ط	ر
ف	ط	د	ع	و	ز	غ	ذ	ج	ر	ش	ت	ص	ا
خ	ط	م	خ	م	ط	و	غ	ذ	ش	خ	خ	ث	ى

حساسية
تشريح
شهية
دم
حمية
طاقة
تغذية
علم الوراثة
صحي
وزن

النظافة
عدوى
مستشفى
مرض
تدليك
المخاطر
نوم
رياضات
ضغط
فيتامين

2 - Ozean

أ	ق	ط	ى	ظ	خ	ع	ض	إ	ا	ق	ن	ى	ض
آ	خ	د	و	ل	ف	ي	ن	ة	ف	ص	ا	ع	ظ
ا	ط	ط	غ	د	و	ب	ف	ظ	ة	خ	إ	ر	إ
ل	ر	ح	ب	ل	ا	ل	ي	د	ن	ق	ك	ر	ب
م	ت	ق	ت	و	ح	ل	م	ج	م	ب	ر	ي	ا
د	و	ر	ث	ط	ط	ا	ل	م	ر	ج	ا	ن	ل
و	ن	ش	ع	د	م	ح	ا	ر	ع	ع	م	ا	ط
ا	ة	ل	ب	ذ	ج	س	أ	م	و	ا	ج	ط	ح
ل	ة	ث	ا	إ	د	م	ج	ى	ن	ي	ج	ر	ا
ج	س	و	ن	ل	ن	ك	ت	ك	إ	ز	ج	س	ل
ز	ج	ي	ك	ؤ	إ	ش	آ	ة	ي	س	ئ	د	ب
ر	س	ل	ح	ف	ا	ة	ك	د	ذ	ك	ف	خ	خ
س	ض	ع	خ	ظ	ف	ض	ص	ص	ص	ف	ي	ن	ر
ى	إ	ف	ث	س	ط	ز	إ	غ	ذ	آ	ض	س	ج

سرطان
أخطبوط
قنديل البحر
ملح
سلحفاة
إسفنج
عاصفة
تونة
حوت
أمواج

ثعبان
الطحالب
محار
قارب
دولفين
سمك
جمبري
المد والجزر
قرش
المرجان

3 - Meditation

ط	ج	ى	إ	ق	ذ	ج	ل	ا	م	ع	ئ	ؤ	ل
ئ	ب	ق	ي	ب	و	م	م	ل	ع	ت	ي	ل	س
ه	ا	ي	ؤ	و	ث	ى	ض	ل	خ	م	ذ	ق	ل
ض	د	س	ع	ل	ى	د	ة	ط	ح	ص	ف	ع	ا
ع	ة	و	ض	ة	ن	غ	ذ	ف	ذ	ل	ط	ق	م
خ	ل	م	ء	ا	ن	ز	ز	ط	ة	ا	ظ	ر	أ
ا	ل	م	ن	ظ	و	ر	ر	ع	ا	ك	ت	ث	ف
ت	ع	ا	ل	ي	م	ع	ش	ز	خ	ط	ر	ى	ك
ا	ن	ت	ب	ا	ه	ق	ة	غ	و	ض	و	ح	ا
ض	إ	ف	ط	آ	إ	ل	ى	ط	آ	ل	ا	ق	ر
م	س	ت	ي	ق	ظ	ي	ظ	ط	غ	ة	ك	ظ	ك
ض	ظ	س	آ	ة	ط	ك	م	ص	ك	ح	ج	إ	ش
غ	خ	ط	ز	د	ظ	ي	ط	ا	ز	خ	آ	ش	ف
غ	ز	ئ	ر	س	ع	ا	د	ة	ة	ة	ي	ت	ج

قبول
انتباه
حركة
شكر
اللطف
سلام
أفكار
عقلي
سعادة
وضوح

تعاليم
ليتعلم
عطف
موسيقى
طبيعة
المنظور
هدوء
الصمت
عقل
مستيقظ

4 - Archäologie

ف	ث	ب	ئ	ا	ا	ا	ع	م	ض	ك	ط	م	ظ
م	ن	س	ي	ل	ث	و	ق	ع	ا	ي	ا	ق	ب
ي	ر	إ	د	ح	د	ف	ب	ب	م	ظ	ر	ن	إ
ظ	ض	ص	ي	ض	ض	ي	ف	د	ف	ش	ع	إ	خ
ي	و	ؤ	ل	ا	ض	ت	ب	آ	ر	ص	ع	ت	ؤ
ي	آ	ا	ب	ر	ف	آ	د	م	ي	غ	ث	ج	ب
ق	ب	ر	ي	ة	ز	ج	ت	ت	ق	ي	ي	غ	ق
ل	س	ل	ي	ل	م	غ	ح	ن	ة	ر	خ	ؤ	ج
م	ن	ج	ت	ت	ب	خ	ل	ى	ف	م	ب	ز	ي
ئ	إ	ت	ق	ي	ي	م	ي	ذ	ض	ع	ي	إ	إ
أ	س	ت	ا	ذ	ئ	ش	ل	ي	م	ر	ر	د	ب
ا	ل	ك	ا	ئ	ن	ا	ت	ى	إ	و	و	ت	ق
ح	ف	ر	ي	ة	ب	ا	ح	ث	ي	ف	ج	ف	ئ
ط	خ	ر	م	ث	ب	ع	ث	ل	ة	غ	ج	ل	آ

تحليل
تقييم
عصر
خبير
باحث
حفرية
لغز
قبر
عظام
فريق

سليل
الكائنات
أستاذ
بقايا
معبد
غير معروف
قديم
منسي
الحضارة

5 - Insekten

ا	ا	ل	م	ن	إ	ج	ط	ك	ى	ز	ف	ط	س
ث	ل	غ	د	ل	ح	د	ذ	ن	د	غ	ر	ف	ا
ش	ر	ي	ؤ	ر	ش	ا	ك	ة	ث	ط	ا	ك	ط
ت	ر	ث	ع	ذ	ن	م	ل	ة	ض	إ	ش	ص	ش
ن	م	ي	غ	س	ة	ك	د	ب	و	ر	ة	ر	ل
ل	ث	ى	خ	ض	و	ع	ب	ل	ا	ظ	أ	ص	آ
إ	خ	س	ر	ئ	ك	ب	ي	إ	ا	ج	س	و	إ
ئ	ي	ر	ق	ة	ف	ر	ب	ل	ب	ل	ب	ر	ح
إ	س	ج	ض	ة	ل	ح	ن	ى	ر	د	ز	د	ط
ر	ء	ا	س	ف	ن	خ	ل	ا	غ	ص	ض	ي	د
ش	ا	ل	د	ب	و	ر	ا	ي	و	ا	ح	آ	ز
خ	ب	إ	ة	ع	ن	ط	س	م	ث	د	و	د	ة
ن	ل	س	ف	ث	د	ق	ر	م	م	ئ	آ	ظ	س
ج	ن	د	ب	ة	خ	ن	ف	س	ا	ء	د	ش	آ

نملة
نحلة
المن
برغوث
فرس النبي
جندب
الدبور
صرصور
خنفساء
يرقة

اليعسوب
الخنفساء
عثة
البعوض
فراشة
أرضة
دبور
دودة
الزيز

6 - Gesundheit und Wellness #1

ج	أ	ر	س	آ	ف	ح	م	ح	ظ	ع	ب	ي	م
ا	ل	ع	ا	ف	ت	ر	ا	ت	آ	ا	ك	د	ى
ل	ظ	د	ص	ء	إ	ص	ا	ب	ة	د	ت	ذ	ب
ع	ص	ب	ى	ا	م	ن	ع	ك	س	ة	ي	ك	ي
ئ	ي	ج	ذ	خ	ب	خ	ط	آ	و	ج	ر	ب	م
و	د	ر	ؤ	ر	س	ك	د	ت	ر	ب	ي	ب	ط
ك	ل	ة	ح	ت	ث	ج	و	ع	ي	ة	ا	د	ش
ذ	ي	ص	ط	س	ع	ج	ا	م	ف	س	إ	ح	ن
خ	ة	ى	ؤ	ا	س	ئ	ء	و	ؤ	ع	خ	ط	م
ا	ل	ع	ل	ا	ج	ع	ظ	ا	م	ي	ز	و	و
ع	ث	ح	ؤ	آ	ر	ك	آ	ظ	ش	ا	ح	ش	ص
ف	ب	م	د	ظ	ص	ذ	ض	د	ر	د	ى	و	ؤ
آ	ع	و	ة	ج	و	ع	ل	ر	ث	ة	ط	ض	ف
م	ظ	ز	ت	ر	ق	ف	آ	د	ص	ف	ح	م	آ

نشط
صيدلية
طبيب
بكتيريا
العلاج
استرخاء
كسر
عادة
جلد
ارتفاع

جوع
عيادة
عظام
دواء
طبي
أعصاب
منعكس
علاج
إصابة
فيروس

7 - Obst

ب	ؤ	ح	ط	ض	ئ	س	م	ك	ب	ك	ك	ة	ى
أ	ا	خ	ي	ن	ف	ة	ر	ر	غ	ر	ى	ب	ب
ن	س	ب	ى	و	ش	ق	ة	ز	ا	ق	ق	خ	ع
ا	ل	ش	ا	م	ق	ي	ل	ع	ل	ا	ت	و	ت
ن	ج	ك	خ	ي	ر	ي	ب	ك	ا	ل	ب	خ	ق
ا	ة	س	ز	ل	ا	ز	م	ق	ط	ئ	آ	ب	ف
س	ج	ئ	ن	س	آ	ئ	ى	ق	ح	ح	ى	ر	إ
ت	و	ر	ف	ب	ي	ر	ج	ل	ا	ى	ك	ت	ل
ث	ز	د	ف	ج	م	ش	و	ط	ف	و	م	ق	ي
د	ا	ظ	ا	د	ش	م	ش	م	ت	ب	ث	ا	ن
ع	ل	ؤ	ح	ك	ط	ا	ص	ب	س	ي	ر	ل	ث
ع	ه	غ	ف	ز	و	م	ق	ت	ط	ر	ى	ي	غ
ب	ن	ع	ع	إ	غ	ف	ج	ب	ي	ي	و	ي	ك
ل	د	و	آ	ع	ن	ئ	أ	ى	ا	ئ	ؤ	ض	ك

أناناس	كرز
تفاح	كيوي
مشمش	جوز الهند
أفوكادو	شمام
موز	برتقالي
بيري	بابايا
كمثرى	خوخ
بلاك بيري	برقوق
الجريب فروت	عنب
توت العليق	ليمون

8 - Universum

ش	م	خ	ض	س	ؤ	س	ي	ع	ؤ	ح	ق	ع	خ
م	ق	ؤ	خ	آ	ق	ؤ	ل	ل	ن	آ	ل	ط	ز
س	ر	ب	ا	ل	ق	ن	ا	ل	ا	م	ا	ؤ	ئ
ي	ا	ل	ب	ر	و	ج	خ	ط	ا	ل	ع	ر	ض
و	ب	م	ا	ل	ظ	ا	س	ل	ط	ف	ز	ب	ض
ج	ئ	ر	م	ق	آ	ط	ف	و	ت	د	إ	ؤ	و
ل	ف	ل	ك	أ	ب	ل	ل	ي	ئ	ر	م	ن	د
ا	خ	غ	و	ف	ك	خ	خ	ك	ت	ز	ش	ذ	غ
ف	ة	ن	ن	ق	ي	س	ت	ل	ت	س	ى	ح	ظ
ا	إ	ف	ي	ي	و	س	ة	ف	م	ء	ا	م	س
ل	ح	ع	ح	إ	ك	ؤ	ؤ	ا	ز	ا	ض	ئ	ى
غ	ة	ت	ب	ق	ل	غ	و	غ	د	ئ	ق	ز	ق
ل	ج	ز	ز	ح	ا	ي	د	ت	ى	ذ	و	و	ج
ا	ل	ذ	ذ	ء	ا	و	ت	س	ا	ل	ا	ط	خ

الكويكب
فلكي
علم الفلك
الغلاف الجوي
خط الاستواء
خط العرض
ظلام
سماء
سماوي
أفق

كوني
خط الطول
قمر
فلك
مرئي
شمسي
الانقلاب
مقراب
البروج

9 - Camping

ب	ق	ي	م	س	م	ت	ا	ت	ا	ق	ن	و	ق
م	ث	ى	د	و	ج	ل	ث	ا	ل	ب	إ	ة	م
د	ي	ص	ل	ا	م	ث	إ	ن	ى	آ	ث	م	ر
ع	ش	ي	ؤ	ق	غ	ص	ض	ا	ج	ب	ل	ص	ي
ح	ن	س	ص	ي	أ	ر	ج	و	ح	ة	ا	ي	ز
ك	و	و	ل	ث	ؤ	ا	ق	ي	ة	س	ك	ؤ	ل
ن	ر	ن	غ	ل	ن	ا	ر	ح	ت	ت	ع	ذ	ق
ة	خ	ا	ح	ش	ر	ة	ك	ل	ئ	ة	ع	ب	ق
ع	ر	ف	د	ص	ر	ز	ف	ا	ق	ط	ت	إ	ر
ي	ق	ن	إ	م	ظ	ة	ب	ا	غ	ي	ؤ	ذ	و
ب	ش	ة	ا	ط	ص	ل	ح	ر	م	ر	ف	س	ز
ط	ى	غ	ز	ذ	ز	ص	ل	ب	ح	خ	ن	ط	ل
ؤ	م	ب	ى	ك	ذ	و	ش	ت	ة	م	ي	خ	ا
ض	ك	ج	ض	آ	ر	ب	ر	ؤ	ط	ي	ر	ة	و

بوصلة
فانوس
قمر
طبيعة
بحيرة
حبل
مرح
الحيوانات
غابة
خيمة

مغامرة
جبل
نار
أرجوحة
قبعة
حشرة
الصيد
المقصورة
الزورق
خريطة

10 - Zeit

م	أ	د	ض	ق	ح	ش	ح	د	ئ	س	م	أ	م
ب	س	و	و	ق	ح	ا	و	ق	ش	ن	ي	ى	س
ك	ب	ج	ق	ي	و	م	ي	ي	آ	ة	س	ث	ت
ر	و	ب	ت	و	ز	ا	ط	ق	ض	ش	ا	د	ق
ا	ع	ح	ا	ن	ؤ	ز	غ	ة	م	ي	ع	ق	ب
ر	ن	ق	ل	س	ش	ن	آ	ق	إ	غ	ة	ط	ل
ف	آ	س	ظ	ت	ض	ل	آ	ب	ى	ا	ض	ش	ز
ب	ت	ل	ه	ظ	ق	ر	ئ	ل	ع	ل	ب	ى	آ
ب	ع	د	ي	ر	م	و	ي	ل	ا	ئ	ط	ظ	ز
ا	غ	ق	ر	ي	ع	غ	ي	م	ن	ت	س	ى	ط
ة	ل	ع	ة	ى	ئ	س	ف	م	إ	ص	ب	ا	ح
ي	ص	ل	ش	ه	ر	ق	و	ا	ا	د	ة	غ	س
و	ح	ا	ي	ج	ت	ر	ظ	م	ر	ى	ش	ل	ظ
ل	ر	ن	ع	ل	ى	ن	ث	إ	ف	ت	ب	ب	ا

مبكرا	وقت الظهيرة
أمس	شهر
اليوم	صباح
سنة	بعد
قرن	الليل
العقد	ساعة
سنوي	يوم
الآن	قبل
تقويم	أسبوع
دقيقة	مستقبل

11 - Säugetiere

س	ش	خ	غ	ظ	ن	م	ر	ا	ك	ل	ب	ل	ذ
ق	د	ذ	ك	س	ل	ح	و	ل	م	ح	ت	ي	ئ
ر	ر	غ	ن	ك	م	ذ	ث	ن	ت	ت	ذ	ف	ب
غ	و	ر	ي	ل	ا	ت	ل	م	ص	ة	ئ	ل	غ
أ	م	إ	ح	ة	د	ر	ش	ر	ذ	ئ	ب	ا	ف
ث	س	ك	و	ف	و	ر	خ	ا	ؤ	ئ	ا	ث	ت
ؤ	ف	د	ص	ا	ج	ئ	ر	ش	ش	ا	ل	ر	ز
ة	د	ب	ض	ر	غ	ر	ح	ص	ا	ن	ب	ق	ظ
ح	آ	ث	ت	ز	ث	م	ذ	س	ح	غ	ر	ن	ز
غ	م	ع	ة	ق	و	ل	ث	ج	ب	ا	ا	ع	ة
ق	ث	ح	م	ا	ر	و	ح	ش	ي	آ	ر	ي	ذ
ر	ب	خ	ح	ظ	ب	ص	ي	د	ؤ	ن	ي	ى	ى
د	ا	آ	ر	و	غ	ش	ؤ	ق	خ	ج	ى	ش	آ
ك	ث	غ	ف	ف	ت	ر	ي	ل	ض	ن	ج	ذ	س

أسد
النمر
حصان
جرذ
خروف
ثور
نمر
حوت
ذئب
حمار وحشي

قرد
يتحمل
سمور
الفيل
فوكس
زرافة
غوريلا
كلب
كنغر
ذئب البراري

12 - Algebra

ا	و	ص	م	و	ف	ف	ق	ب	ئ	ل	م	ع	خ
ل	و	ع	ش	ص	ئ	خ	إ	ل	م	ا	ج	ض	ض
ط	ي	س	ب	ت	ف	ث	ش	ث	ق	ن	م	خ	إ
ر	ئ	س	ق	و	س	و	ئ	ض	ص	ه	و	ي	ث
ح	ن	ج	ز	ء	ح	ت	ف	س	ظ	ا	ع	ص	ك
م	آ	س	ع	ة	ن	ن	غ	ة	ز	ئ	ؤ	إ	م
ر	س	م	ب	ي	ا	ن	ي	ط	خ	ي	إ	ت	ت
ف	م	أ	ح	م	ث	ئ	ة	ة	ز	ت	ر	غ	غ
ص	ط	ة	ل	ك	ش	م	ن	ج	ئ	ص	ئ	ن	ي
ر	ن	ق	ل	م	ا	ع	ر	ق	م	خ	ط	أ	ر
ص	ؤ	ح	و	د	ظ	ع	ف	ر	ت	ز	س	غ	ؤ
إ	ف	آ	ى	ز	ا	ئ	ك	م	ئ	ش	ث	ط	إ
ؤ	ؤ	ع	ف	و	ض	ع	ؤ	ك	س	ح	ظ	ي	ث
ي	ن	ا	ي	ب	ل	ا	م	س	ر	ل	ا	ش	ل

مصفوفة
كمية
صفر
رقم
مشكلة
الطرح
مجموع
لانهائي
متغير
تبسيط

جزء
رسم بياني
أس
عامل
خطأ
معادلة
الرسم البياني
قوس
خطي
حل

13 - Diplomatie

ا	ئ	د	ز	ج	ة	ش	ا	ق	ن	ر	ش	أ	ت
ة	ل	ا	د	ع	أ	م	ن	ل	ح	د	ض	خ	ع
ذ	آ	ن	و	ن	ط	ا	و	م	ل	ا	خ	ل	ا
م	آ	ت	ز	م	ع	ا	ه	د	ة	غ	ر	ا	و
ج	ا	ح	ل	ا	م	ل	ة	م	ي	ق	ا	ق	ن
ل	ة	ل	ت	س	ه	ص	ح	د	ي	د	ش	ت	ن
ذ	خ	م	س	ي	ة	ة	ك	ث	ق	ب	ت	ز	ز
و	ز	ز	و	ف	س	ت	و	ز	س	ل	س	ظ	ا
أ	ج	ن	ب	ي	ا	ا	م	ة	ف	و	م	ل	ع
إ	ن	س	ا	ن	ي	ر	ة	و	ي	م	ث	و	غ
ئ	ط	ث	ج	ب	س	ك	ة	ع	ر	ا	ط	ل	ذ
ف	خ	ي	ز	خ	ز	غ	إ	ك	ظ	س	ع	غ	ض
ش	ط	آ	ك	ز	ى	ؤ	ث	ب	ؤ	ي	ك	ن	ا
ر	س	م	ظ	ج	ك	آ	س	ح	ى	ا	ة	ظ	ر

أجنبي
مستشار
السفارة
سفير
المواطنون
دبلوماسي
نقاش
أخلاق
ملة
عدالة

إنساني
النزاهة
نزاع
حل
سياسة
حكومة
أمن
اللغات
معاهدة
تعاون

14 - Astronomie

ن	و	ك	س	س	ز	ج	و	ر	ب	ل	ا	س	ق
ض	ج	ر	د	و	ن	ى	ا	ر	ن	إ	ي	ث	ذ
ح	إ	م	ي	ب	ي	آ	ع	ى	ذ	ط	ع	ض	ج
ر	م	ق	م	ر	ز	ع	ا	ل	م	ج	ظ	ت	ط
د	ش	ؤ	ع	ن	ك	ش	د	و	د	ح	ى	ش	ظ
ج	ب	ك	آ	و	ا	ن	م	ج	ك	ش	ح	ق	ا
ذ	ي	ك	ل	ف	ط	ض	ف	س	ر	و	ح	ش	ؤ
س	ج	ظ	و	ا	ة	أ	ا	ل	ك	و	ي	ك	ب
ل	ط	و	ر	ك	ت	ر	ض	ب	ب	ى	ك	ط	ق
ش	خ	ظ	و	ر	س	ض	خ	ض	ا	ؤ	ج	ر	ك
ف	و	غ	غ	خ	ف	ث	ن	آ	ر	م	ر	م	و
ى	ر	و	ح	ئ	ظ	ا	ت	إ	ق	د	ث	ر	ك
ر	ا	ئ	د	ف	ض	ا	ء	س	م	ا	ء	ص	ب
ا	ص	ز	ن	د	ز	د	ن	ى	ك	ة	و	د	ة

سديم
مرصد
كوكب
صاروخ
شمس
نجم
سوبرنوفا
مقراب
البروج
كون

الكويكب
رائد فضاء
فلكي
أرض
سماء
مذنب
كوكبة
عالم
نيزك
قمر

15 - Ballett

ل	آ	ث	آ	ل	ا	ؤ	ذ	ح	م	ج	ا	ت	ب
ت	ج	ر	ص	ظ	س	ظ	ع	ظ	و	م	ل	ص	ذ
ن	م	ط	ح	ق	ئ	ج	ن	إ	س	ى	ك	ف	ث
ق	ح	ض	و	ة	غ	إ	آ	ط	ي	ث	و	ي	ز
أ	ن	ا	ص	ت	م	ل	ح	ن	ق	ث	ر	ق	د
م	و	د	ح	ف	ن	ي	ك	ف	ى	د	ي	ت	ة
ط	ظ	ر	ا	ل	ج	م	ه	و	ر	ت	غ	ب	ع
ل	ك	ف	ك	ة	ق	ت	ا	ص	ق	ا	ر	ل	ا
ي	ة	ن	ا	س	ض	ب	ذ	ك	ل	ل	ا	ز	ق
ز	ا	م	غ	ك	ت	إ	ر	ق	ا	ض	ف	ل	ي
ظ	ؤ	إ	ه	ظ	ي	ر	ق	و	خ	ع	ي	ئ	إ
د	ض	م	ف	ا	ص	ف	ا	ل	ف	ت	ا	ف	ع
م	ع	ب	ر	ة	ر	ظ	م	ي	ت	ة	د	ش	و
ل	ت	آ	ط	د	ب	ة	ت	ق	ن	ي	ة	آ	ي

عضلات
أوركسترا
بروفة
الجمهور
إيقاع
منفردا
نمط
الراقصات
تقنية

تصفيق
معبرة
الكوريغرافيا
مهارة
لفتة
شدة
ملحن
فني
موسيقى

16 - Geologie

ح	خ	ك	ق	ى	ا	ث	ث	ض	ب	ر	ك	ا	ن
ز	د	ق	ا	ا	ف	ث	ك	آ	خ	ح	ي	إ	ف
ة	ذ	ك	ل	م	ر	ذ	إ	و	ر	د	ى	ب	ص
و	إ	ض	م	ح	و	ة	ي	ر	ف	ح	غ	ا	د
د	د	إ	ر	خ	ر	ل	ا	آ	خ	ظ	د	ل	ى
ك	ب	ض	ج	ى	م	ى	ت	ذ	ذ	ر	ز	ك	ز
ئ	د	ع	ا	و	ص	ل	ا	ن	ع	ة	ئ	ل	ل
ك	ه	ف	ن	ا	ق	ص	ر	ح	ظ	غ	ن	س	ز
ح	ل	م	ت	آ	ك	ل	و	ئ	ح	ج	ر	ي	ا
ح	خ	م	ن	ا	خ	س	د	ا	د	غ	ق	و	ل
ن	ض	ح	ح	ط	ا	ل	م	ع	ا	د	ن	م	ص
ظ	ا	ل	ؤ	ر	ق	ا	ك	د	ى	ؤ	و	ز	غ
إ	ظ	ا	ض	ئ	ض	ة	ه	ض	ب	ة	ذ	ة	ة
ف	ي	د	م	ي	ق	ذ	ك	ف	ح	ذ	ك	ظ	ف

المعادن
هضبة
مرو
ملح
حمض
الصواعد
حجر
بركان
منطقة
دورات

زلزال
تآكل
حفرية
مولتن
سخان
كهف
الكلسيوم
قارة
المرجان
الحمم

17 - Sport

ن	خ	ف	ؤ	خ	ل	ج	ى	خ	ئ	ص	خ	ط	ف
ن	ب	ن	ب	م	ص	ث	ص	إ	م	ث	آ	ذ	ر
ن	ح	ة	و	ق	ز	ة	ق	ة	ي	م	ح	ك	و
ث	إ	ر	ب	خ	ا	و	ر	ذ	ظ	د	و	خ	س
ر	ت	غ	ذ	ي	ة	ؤ	ل	ص	م	ب	ف	ي	ع
ز	ط	ؤ	ض	ذ	ح	ة	ا	ى	ا	ة	ث	ض	آ
غ	ل	ئ	س	ذ	ص	ض	خ	ل	ظ	ح	ل	ي	س
خ	ظ	ك	ى	ؤ	ل	ك	د	ت	ع	ا	ذ	أ	ؤ
ذ	ف	ش	ف	ل	ا	ر	ت	ع	ت	ب	ش	ل	ذ
ر	ب	ر	د	م	ا	ل	ا	ظ	ب	س	ل	ا	ث
ي	م	ئ	ه	ج	و	ا	ض	ي	ث	ل	ص	ظ	ض
ا	ف	و	ا	ب	ر	ن	ا	م	ج	ل	ر	ح	ة
ض	ب	ت	و	ط	ق	ظ	ي	ة	ر	د	ق	ل	ا
ي	ؤ	د	ع	م	و	ا	ر	ث	ؤ	و	ك	ق	ت

رياضي
حمية
تغذية
القدرة
الصحة
الركض
عظام
جثة
تعظيم
الأيض
عضلات
برنامج
ركوب الدراجات
للسباحة
رياضات
قوة
الرقص
مدرب
هدف

18 - Mythologie

ك	ؤ	ذ	ت	ز	ض	ن	و	ت	ق	أ	م	ب	ن
م	س	خ	ظ	ل	ظ	د	ة	غ	م	س	خ	ط	ص
ض	ى	ب	غ	ت	ض	خ	ص	إ	ا	ط	ض	ل	ة
ا	آ	ظ	ر	ن	ت	ص	ن	س	ق	و	ي	د	ة
ئ	ة	و	ق	ق	ل	خ	ئ	ت	ت	ر	ع	ل	ط
ا	ل	س	م	ا	ء	ب	ث	ف	ن	ة	د	ج	م
خ	ط	ث	ق	ا	ف	ة	م	ح	ا	ر	ب	ر	ت
ل	ب	إ	ك	ذ	ك	ت	م	ة	ز	ط	ق	ع	ا
و	ط	ؤ	م	ك	ح	ز	ط	خ	ظ	خ	د	د	ه
د	ص	ط	س	م	ج	ؤ	ت	ز	ل	ك	ع	ب	ة
ك	ا	ر	ث	ة	ي	ر	ح	س	ع	و	ش	ض	ط
ا	ل	غ	ي	ر	ة	ت	ب	ت	ر	ل	ق	ش	ر
ز	ة	ل	ر	م	ط	ش	ك	آ	م	س	ذ	ف	ي
م	ق	ر	ث	ح	ي	ي	ج	ة	ف	ع	ش	ج	ش

برق
رعد
الغيرة
بطل
بطلة
السماء
كارثة
خلق
مخلوق
محارب

ثقافة
متاهة
أسطورة
سحري
مسخ
انتقام
قوة
مميت
خلود
سلوك

19 - Restaurant #2

م	ت	خ	ض	ر	و	ا	ت	غ	م	ظ	ئ	ع	ل
ش	ج	و	ة	ه	ك	ا	ف	د	ي	ل	ج	ف	ت
ر	آ	ع	ا	ب	ي	ض	ب	ا	ا	ط	ع	إ	ر
و	س	خ	ن	ب	ك	ي	ث	ء	ل	ق	ق	ق	ف
ب	ش	و	ك	ة	ل	ص	ي	ل	م	ظ	غ	ئ	ة
ذ	ط	ظ	م	ى	ذ	غ	ة	ذ	ع	غ	ض	آ	ط
س	د	ز	و	خ	ؤ	ي	ت	ي	ك	ك	ة	ي	ل
م	و	ت	ل	ة	ص	ب	غ	ذ	ر	ا	ي	د	س
ك	ك	و	و	ى	س	ن	ش	ل	و	ل	ة	ح	م
ح	ل	م	ئ	ث	ل	ش	ج	ب	ن	ن	ئ	ز	د
م	س	ء	ش	ر	ا	ك	ت	ى	ة	ا	ب	ة	ك
خ	ن	ا	ص	ي	ك	ر	س	ي	ل	د	ل	ث	ف
خ	ت	م	ء	ا	ش	ع	ئ	ض	ك	ل	ي	ر	د
ث	ؤ	ف	إ	ض	ض	ق	ج	م	س	ز	ع	ص	ر

عشاء
بيض
جليد
سمك
فاكهة
شوكة
خضروات
مشروب
توابل
النادل

لذيذ
كيك
ملعقة
غداء
المعكرونة
سلطة
ملح
كرسي
حساء
ماء

20 - Ökologie

ا	ظ	ا	ل	م	و	ا	ر	د	ا	غ	م	ن	إ
ل	ي	ع	ي	ب	ط	ل	ا	خ	ل	ط	ج	ب	ج
ح	م	ض	ظ	ط	ي	م	ل	م	م	ب	ت	ا	ف
ي	د	ض	ئ	ك	ن	و	م	ط	ت	ي	م	ت	ا
و	ي	ب	ش	ب	ة	ئ	ئ	ز	ط	ع	ع	ا	ف
ا	ن	ض	ت	ة	ر	ل	م	خ	و	ة	ا	ت	ا
ن	ج	ذ	ر	ا	و	ه	ا	آ	ع	ب	ت	ل	ا
ا	ا	ي	م	ل	ا	ع	د	ط	و	ف	ن	غ	م
ت	ة	ط	ي	ة	ا	ت	ت	ض	ن	ب	ى	ف	ن
ط	ص	ط	ث	و	د	ن	س	ر	ا	ق	ن	س	ا
ى	غ	ا	ن	ظ	ق	و	م	ت	ظ	ث	ا	ت	خ
ك	ت	أ	ص	ة	غ	ع	ي	ل	ا	ب	ج	ل	ا
ا	ل	ب	ح	ر	ي	ة	ذ	ز	ط	ث	ك	ط	إ
ا	ى	ق	س	ع	ج	ؤ	خ	ش	ت	ة	ش	ض	ى

الأنواع
الجبال
جفاف
الحيوانات
النباتية
المتطوعون
مجتمعات
عالمي
مناخ
الموئل

البحرية
مستدام
طبيعة
طبيعي
نباتات
الموارد
اهوار
نجاة
نبت
تنوع

21 - Boote

ن	س	ي	ك	د	ح	ض	ة	ش	ف	ى	م	ط	ك
ز	ي	ع	ر	م	س	ع	ت	ش	آ	ع	ح	ا	ا
د	م	ا	ح	ش	د	ق	د	ن	و	م	ي	ق	ت
ق	ا	ر	ب	ن	ج	ا	ة	ا	ق	ا	ط	م	د
ق	ك	ش	ذ	ح	ى	ف	م	ك	ك	ب	ع	إ	ق
د	ر	ب	ا	إ	س	ة	ق	و	ح	ح	ر	ه	ن
ش	ذ	ك	ت	خ	ي	ط	و	ف	س	ي	ة	ك	ق
ت	ؤ	ر	ت	ة	ب	ح	ر	ي	ؤ	ر	آ	ر	ل
م	ة	م	ة	ي	ر	ا	س	ص	ط	ة	ا	ى	ج
ر	ق	ر	و	ز	ل	ا	ة	ر	ا	ب	ع	ل	ا
س	ؤ	د	ظ	ذ	ة	ت	ع	ض	ك	ر	خ	ب	و
ا	ض	إ	ؤ	ب	ا	ح	ك	ر	ح	ب	س	ح	م
ة	و	م	ب	ة	ج	خ	ل	ت	ز	ظ	ة	ظ	أ
ع	ث	ت	ن	ض	د	ى	ع	آ	ن	إ	ل	ر	ل

بحر
محرك
بحري
محيط
قارب نجاة
بحيرة
مركب شراعي
حبل
أمواج
يخت

مرساة
عوامة
طاقم
رصيف
العبارة
طوف
نهر
كاياك
الزورق
سارية

22 - Stadt

ز	آ	ش	ز	س	إ	ث	ر	س	ذ	ؤ	ل	ك	م
ب	ذ	و	ع	ع	ف	س	و	ق	ج	ز	ح	ك	ع
ك	ن	ث	م	ل	ع	ب	ق	ح	ن	ز	ت	ن	ح
ذ	ر	ع	ش	و	ر	ت	ح	ح	ة	ب	س	ب	م
خ	ل	ر	ظ	م	ن	ج	ك	ؤ	ة	خ	ي	آ	ئ
آ	إ	م	ا	ن	ص	ا	ح	ى	س	م	ن	ج	ق
ة	ق	ر	ش	ن	آ	م	ظ	ى	ر	ى	م	ق	ؤ
إ	ك	خ	م	و	م	ع	ر	ض	د	ج	ا	ق	إ
ت	ص	ي	د	ل	ي	ة	ا	ؤ	م	م	ع	ط	م
ف	ح	ت	م	ا	ج	ث	ط	ة	د	ا	ي	ع	م
م	ؤ	ف	ة	ص	غ	ا	م	ى	ت	ح	ا	س	ى
إ	ل	ن	ر	و	ه	ز	ق	س	ن	م	ر	ظ	ف
د	ز	د	ب	س	ث	ش	ئ	ذ	آ	ح	ذ	ا	ئ
ي	ص	ق	ظ	ن	ا	و	ي	ح	ة	ق	ي	د	ح

صيدلية
بنك
مخبز
مكتبة
منسق زهور
مطار
معرض
فندق
سينما
عيادة

سوق
متحف
مطعم
صالون
مدرسة
ملعب
سوبر ماركت
مسرح
جامعة
حديقة حيوان

23 - Aktivitäten

ؤ	ن	خ	غ	ا	ل	ح	ي	ا	ك	ة	ط	ص	آ
س	ش	س	آ	م	م	خ	ض	ل	ص	ن	ذ	ئ	د
س	ا	إ	ه	ا	ل	ل	و	ح	ة	ت	غ	ى	ء
ز	ط	ا	ة	ع	ت	م	ا	ر	ط	س	ي	ظ	ا
ئ	ر	ل	ة	د	ش	ل	ر	ف	ا	ب	ف	ل	خ
ة	ح	م	ذ	ى	م	ر	ص	ح	ي	خ	ت	ا	ر
ك	س	ص	ص	ص	ا	ر	م	ص	خ	ر	ف	ث	ت
ئ	ص	ئ	ا	د	ل	ق	و	ز	ف	ص	ب	ح	س
ص	ا	ل	ر	ق	ص	ض	ح	ي	ط	ل	ؤ	ي	ا
ب	ح	ذ	ث	ج	ي	ر	ه	ن	م	ي	ي	خ	ت
ر	ي	و	ص	ت	د	ب	ا	ع	ل	أ	ك	ن	ف
ئ	ة	ء	ا	ر	ق	ك	م	س	ل	ا	د	ي	ص
ط	ش	خ	ظ	ج	ض	ث	ؤ	ث	غ	ش	ة	ث	ئ
ا	ح	ذ	ع	آ	ئ	إ	آ	ذ	ة	ن	ب	غ	و

الصيد
فن
الحرف
قراءة
سحر
خياطة
ألعاب
الحياكة
الرقص
متعة

نشاط
صيد السمك
تخييم
استرخاء
مهارة
تصوير
الترفيه
بستنة
اللوحة
المصالح

24 - Bienen

خ	ش	ف	ض	آ	خ	ح	ش	ا	ح	ث	ا	ا	ص
ح	ل	ن	ب	ا	ت	ا	ت	ل	ش	ظ	ض	ع	ى
د	ئ	ي	ل	خ	ظ	ة	ك	ز	ر	ه	ز	د	و
غ	و	غ	ة	م	و	ة	ش	ه	ة	ت	ذ	ش	ف
د	م	ط	ه	ح	ف	ذ	ز	و	ك	ص	ظ	د	ى
ق	ل	ق	ك	ش	د	ي	ى	ر	س	خ	ك	ح	م
ج	ا	ض	ا	م	ؤ	ي	د	ذ	ئ	س	ث	م	ف
د	غ	ص	ف	س	ذ	إ	ق	ل	ق	ش	ق	ئ	ؤ
ا	ل	م	ل	ق	ح	ا	ت	ة	ج	إ	ض	ز	ق
ش	م	ع	أ	ج	ن	ح	ة	ة	ت	ا	غ	ي	س
ا	ل	ن	ظ	ا	م	ا	ل	ب	ي	ئ	ي	م	ت
ت	س	ا	ز	ؤ	ص	ق	إ	م	س	ج	ب	ل	ن
إ	ع	خ	ش	ز	آ	ل	م	ش	ي	د	ا	ك	و
ع	ص	د	س	ر	ب	ئ	ذ	ك	ك	ذ	ى	ة	ع

الملقحات
خلية
الزهور
زهر
أجنحة
فاكهة
حديقة
عسل
حشرة
ملكة

الموئل
النظام البيئي
نباتات
لقاح
دخان
سرب
شمس
تنوع
مفيد
شمع

25 - Wissenschaftliche Disziplinen

ز	ن	ل	س	ا	ن	ي	ا	ت	ى	ا	ع	ب	ت
ا	ل	ف	ي	ز	ي	ا	ء	ؤ	ش	ل	ل	ي	ش
ج	ي	و	ل	و	ج	ي	ا	ن	ث	ر	م	و	ر
ز	ط	خ	ب	ك	خ	ة	ئ	د	ت	و	ا	ل	ي
ع	ل	م	ا	ل	أ	ع	ص	ا	ب	ب	ل	و	ح
ص	د	د	ك	ف	ط	ا	د	ع	ي	و	ن	ج	ع
ؤ	ط	ة	ي	ل	غ	ن	س	م	ي	ت	ف	ي	ل
ك	ؤ	آ	ن	ا	ذ	م	ئ	ل	ت	ا	س	ا	م
ق	ي	ع	ا	م	ى	ل	ن	ا	ا	ت	م	ط	ا
ع	ئ	م	ك	ل	غ	ا	ل	م	ي	ف	ط	و	ل
ش	ج	ئ	ي	ع	ل	م	ا	ل	ن	ب	ا	ت	ح
ي	ت	ض	م	ا	ج	ل	ع	ع	ظ	ف	ة	ل	ر
س	ب	م	ظ	س	ء	ع	ح	ش	خ	ة	ئ	ط	ك
ع	ل	م	ا	ل	ب	ي	ئ	ة	ح	م	ح	ك	ة

تشريح
علم الفلك
بيولوجيا
علم النبات
كيمياء
جيولوجيا
علم المناعة
علم الحركة

لسانيات
ميكانيكا
علم المعادن
علم الأعصاب
علم البيئة
الفيزياء
علم النفس
الروبوتات

26 - Vögel

ا	ج	ظ	ر	ؤ	ي	ى	ك	ف	ح	و	ع	ى	ص
ل	ش	ب	آ	ش	آ	ك	ص	إ	ث	غ	ط	ض	ف
ب	ج	ز	ي	ج	ط	ى	ظ	س	م	ر	س	ر	ك
ط	ص	ش	ح	ب	غ	م	ذ	ن	ي	ا	ل	ط	د
ر	إ	ؤ	ب	ى	ن	ق	ق	م	ش	ب	ئ	ؤ	ض
ي	ق	ب	ا	ة	ى	ؤ	ق	إ	غ	ق	ا	ذ	ن
ق	إ	ز	ل	ض	ت	ؤ	ن	ح	ا	ل	ب	ج	ع
ص	ن	و	ر	ي	ه	ح	س	ب	ط	ق	إ	ج	ز
د	ت	إ	ج	ب	ا	ب	ر	ا	ح	ل	ا	ح	خ
ج	ظ	ئ	م	م	ج	ر	و	ر	ؤ	ل	ل	ظ	آ
ا	ؤ	ف	ل	ع	ط	و	ن	غ	ز	ا	ي	ق	ل
ج	ب	ط	ة	آ	س	ف	ح	ل	ء	ا	غ	ب	ب
ة	م	و	ب	ص	ث	ص	ق	ا	و	ق	و	ل	ا
س	ة	م	ا	م	ح	ع	ر	س	ن	إ	إ	آ	ص

ببغاء
البجع
الطاووس
البطريق
الغراب
هيرون
بجعة
عصفور
اللقلق
حمامة

نسر
بيضة
بطة
بومة
نحام
إوز
دجاج
غراب
الوقواق
نورس

27 - Garten

ص	ب	ذ	ث	ح	ك	أ	ع	ش	ب	ب	م	أ	و
ع	ى	س	د	ة	ر	ش	ا	ح	ا	و	ج	ر	إ
ك	آ	ص	ت	خ	ا	ع	ع	ل	ة	ش	ر	ج	ج
ت	ش	ن	ل	ا	ج	ل	ج	ى	أ	ج	ف	و	ذ
ح	د	ي	ق	ة	ن	ا	ئ	م	ع	ع	ة	ح	س
ب	ع	ل	ا	ر	إ	ل	ث	د	ك	ح	ش	ة	ظ
إ	ق	و	و	ج	ز	ن	ت	ر	ب	ة	ة	ا	ف
ف	م	ب	ر	ش	ض	ا	س	ي	ا	ج	ض	ب	ب
ر	ظ	م	و	ي	و	ر	ذ	م	د	خ	ق	د	ط
ش	ث	ا	و	ض	ث	ذ	ظ	ت	ص	ذ	ت	ا	ش
ق	ة	ر	ه	ز	ا	ف	ة	ر	ط	ط	ث	ئ	د
ض	ك	ت	ر	ل	ظ	ا	ن	إ	ج	ط	ب	ذ	ص
ن	ر	ل	ق	ف	ش	ف	ق	ذ	ك	ق	ج	ة	ط
د	ب	ا	خ	ر	ط	و	م	ل	ث	م	ت	ر	خ

مقعد
شجرة
زهرة
تربة
بوش
كراج
حديقة
عشب
أرجوحة
بستان

أشعل النار
مجرفة
خرطوم
بركة
مصطبة
الترامبولين
الأعشاب
رواق
سياج

28 - Antarktis

ج	ل	ي	د	ص	ي	س	ع	ث	ب	ا	ئ	م	غ
ذ	ر	غ	د	م	خ	خ	ت	ت	ا	ل	ط	ا	ل
ث	ك	و	ف	ر	خ	ر	ت	ر	ح	ب	ق	ء	ى
ظ	ب	ى	م	ى	ج	ز	ي	و	ث	ع	س	ئ	و
ج	ح	ل	س	م	ج	ة	ئ	ي	ب	ث	ا	ث	ي
غ	ن	و	إ	ك	ؤ	ر	ا	ط	ن	ة	ل	ذ	ق
ر	ة	ر	ا	ق	ا	ج	ز	ل	م	ظ	ج	ا	ب
ق	ي	م	ل	ع	ف	ه	ج	ا	ح	ل	ز	ق	ع
ى	ف	ا	ا	ل	ح	ف	ظ	ك	ل	ر	ر	ط	ا
ى	ا	ص	ح	ا	ل	م	ع	ا	د	ن	ا	ا	ي
ى	ر	ط	ب	و	غ	ر	ا	ف	ي	ا	د	ر	ل
إ	غ	و	ث	ك	ي	ص	ط	ب	ي	ؤ	ظ	ن	ة
ك	ج	ذ	ة	ئ	ظ	م	ك	ق	ق	و	ج	س	ل
ث	ص	ث	ب	ج	ش	ب	ه	ج	ز	ي	ر	ة	م

كوف
جليد
الحفظ
البعثة
صخري
باحث
جغرافية
شبه جزيرة
الجزر
قارة

هجرة
المعادن
درجة الحرارة
طبوغرافيا
بيئة
الطيور
ماء
طقس
رياح
علمي

29 - Fahren

ؤ	س	ح	ا	ظ	ى	ع	ص	ك	ل	ن	ث	س	د
ك	ؤ	ر	ط	خ	ظ	ح	ف	ط	ق	م	د	ي	آ
خ	ب	غ	ع	س	ى	ث	غ	ي	ؤ	أ	ا	ا	م
ب	ق	ا	ل	ة	ط	ر	ش	ث	ز	ح	ح	ر	ف
و	ت	ز	ذ	ي	ا	ل	ن	ق	ل	ي	د	ة	ف
س	خ	ى	ظ	ر	ا	غ	ة	ط	ي	ر	خ	ص	و
ح	ة	ح	ح	ا	ر	ظ	ن	ة	ز	ذ	ك	خ	س
آ	و	ظ	ط	ن	ئ	م	ح	ر	ك	ح	ى	ر	ش
م	ة	ز	د	ة	ل	ف	ا	ح	ب	ل	ج	ت	ح
م	س	غ	ق	ج	ك	ا	ش	ئ	ى	ا	ك	ص	ة
م	ش	إ	د	ا	ا	آ	ة	ا	ئ	ت	ي	ط	ل
ح	ئ	ي	و	ر	إ	ر	و	ص	ق	ي	ئ	ظ	ي
ى	ن	ف	ق	د	خ	ق	ك	إ	ث	ن	ق	ي	و
ر	و	ت	و	ح	ر	ك	ة	ا	ل	م	ر	و	ر

سيارة
فرامل
وقود
حافلة
كراج
غاز
خطر
سرعة
خريطة
رخصة

شاحنة
محرك
دراجة نارية
شرطة
أمن
النقل
نفق
حادث
حركة المرور
الحذر

30 - Physik

م	ة	ي	ظ	ن	ع	ة	ع	ش	ى	ظ	إ	ا	ت
ي	ع	ى	ض	و	ف	ذ	غ	ة	ب	ح	ل	ل	ر
س	ي	ا	إ	و	ث	ع	ض	ض	ئ	ا	ك	ن	د
ج	ر	ج	د	ي	ض	ر	ئ	غ	ص	ل	ت	س	د
ا	س	ي	ى	ل	ا	ا	و	ع	خ	م	ر	ب	إ
م	ت	غ	ا	ز	ة	ف	ا	ث	ك	غ	و	ي	ذ
س	ح	ى	ع	م	ب	م	ك	ض	ل	ن	ن	ة	ة
ج	ؤ	ر	ث	ا	ر	م	ي	م	ل	ا	ع	ز	ي
س	ق	ش	ك	ب	ج	ر	ن	ض	ز	ط	ذ	ؤ	ت
ظ	ر	ذ	ر	ة	ت	ك	ا	خ	د	ي	ث	ن	ث
ج	ي	ع	ش	ل	ا	ب	ك	ق	ص	س	ت	ل	ع
ل	غ	و	ة	ت	ك	ث	ي	ك	ذ	ي	ش	ض	ب
ى	ت	آ	ؤ	ك	غ	ن	م	ا	غ	ة	إ	ت	آ
ر	م	ط	ر	ئ	ر	ض	س	إ	غ	ج	ص	و	ط

المغناطيسية
كتلة
ميكانيكا
مركب
محرك
نووي
جسيم
النسبية
عالمي
متغير

ذرة
تسريع
فوضى
كثافة
إلكترون
تجربة
معادلة
تردد
غاز
سرعة

31 - Bücher

ا	م	و	ت	ة	ح	ؤ	ط	ص	ص	س	ح	ر	خ
ئ	ل	ج	غ	آ	ب	س	ي	ة	ف	ي	ب	د	أ
ص	ذ	ا	م	ة	ب	ا	ع	د	ل	ا	ح	و	ر
و	ك	ن	ز	و	م	ب	د	ع	ؤ	ق	ط	ث	ا
ق	ا	ر	ئ	د	ع	م	ع	ي	م	ا	ئ	ف	م
ذ	ق	ن	آ	د	و	ة	ص	ق	و	ل	ئ	ز	ة
ش	ؤ	م	ح	ة	ز	ا	ص	ق	م	ك	ر	ص	ش
ع	ؤ	ر	ل	ت	م	ف	ج	ت	ت	ل	ة	ك	ك
ر	م	و	ق	ح	ئ	ظ	ض	ي	و	ا	ر	ل	ا
ز	ك	ا	ص	س	م	ة	ا	خ	ة	م	م	آ	آ
ف	ت	ي	ي	ل	آ	ة	ة	ي	ش	ك	ا	ض	ي
خ	و	ة	د	س	ض	ي	ق	ر	ث	ر	غ	غ	ن
خ	ب	ئ	ة	ل	غ	ي	و	ا	س	أ	م	س	ا
ك	ط	ظ	ث	ة	إ	ط	ن	ت	ص	ف	ح	ة	ر

مغامرة
مؤلف
الازدواجية
ملحمة
مبدع
الراوي
قصيدة
قصة
مكتوب
تاريخي

روح الدعابة
مجموعة
سياق الكلام
قارئ
أدبي
شعر
رواية
صفحة
سلسلة
مأساوي

32 - Menschlicher Körper

د	ت	ت	خ	ص	ر	م	ذ	ف	ن	أ	ك	د	ح
و	س	س	ر	ج	خ	ي	ظ	ت	ث	ل	ح	ا	ك
ج	ج	ل	ل	ث	ر	ن	ب	ك	ص	ج	ع	ل	ف
ه	ب	ص	ظ	ل	ح	ذ	ص	ا	ظ	م	ئ	ذ	أ
ن	إ	ض	ر	س	ت	إ	ص	ع	و	س	ض	ى	ذ
ذ	ئ	ك	ت	ا	ط	غ	ا	م	د	ي	م	خ	ن
ق	ص	ذ	ب	ن	إ	ر	ق	ئ	إ	ئ	إ	خ	ص
م	ا	ت	ظ	ج	ا	ج	ر	ل	إ	ر	ا	س	ث
إ	إ	ؤ	ن	ل	ب	ك	و	ع	ق	ئ	ذ	ص	د
خ	ز	ط	ا	د	ب	ق	ل	ب	و	ف	ص	ب	ش
ذ	ف	ط	ك	ة	د	ط	ة	ص	ص	آ	ر	ح	ك
ؤ	و	آ	د	د	م	إ	ي	إ	ر	ة	ض	د	ق
ث	ب	ز	ف	ذ	ف	ش	د	م	ر	ك	ث	ذ	ظ
ش	ئ	س	م	و	ن	ك	ن	ق	ذ	ض	ج	ة	ج

رجل
دم
كوع
إصبع
دماغ
وجه
رقبة
يد
جلد
قلب

فك
ذقن
ركبة
كاحل
رئيس
فم
أنف
أذن
كتف
لسان

33 - Landschaften

ب	غ	و	ك	ذ	ق	ش	د	إ	ك	ش	ي	ت	ش
ل	ح	ن	ا	خ	س	ؤ	ب	ن	ه	ا	ؤ	ن	ف
إ	ة	ي	ن	د	ث	ن	ك	ه	ف	ث	ث	د	آ
ف	إ	ي	ر	س	ي	ه	ح	إ	ج	ؤ	ح	ر	ط
ط	ص	ص	ح	ة	ك	ر	ة	ر	ي	ز	ج	ا	ة
ج	ا	ب	ب	ت	ب	خ	س	ى	ل	ذ	ي	د	ظ
ب	ي	ث	ط	ك	ش	ب	ق	ج	خ	ض	ب	ر	س
ل	د	ز	ص	غ	و	ف	م	ى	ل	ب	ج	ج	ة
ج	ظ	ة	ئ	ط	ا	ش	ش	ل	ا	ل	ر	ئ	ج
ل	ل	ء	ا	ر	ح	ص	ع	ت	ص	ج	آ	غ	ل
ي	ل	آ	ك	ص	ة	ل	ف	س	ث	ف	ل	س	ث
د	ج	ئ	ب	آ	ط	ب	ل	ع	ق	ن	ت	س	م
غ	ظ	ظ	ف	ن	ش	ب	ز	ث	ب	ر	ك	ا	ن
ا	ذ	ى	ة	ض	د	ن	ك	ة	ى	ش	آ	ت	خ

جبل
جبل جليد
نهر
سخان
مثلجة
الخليج
شبه جزيرة
كهف
تل
جزيرة

بحر
واحة
بحيرة
شاطئ
مستنقع
وادي
تندرا
بركان
شلال
صحراء

34 - Abenteuer

ح	و	ظ	ا	ص	و	ن	ش	ن	ض	ى	ئ	آ	ا
ظ	ح	ض	ق	ة	ع	ي	ب	ط	ش	س	ض	س	ل
د	ت	ك	س	ص	إ	و	أ	م	ن	ا	ظ	خ	ج
ت	ع	ى	ي	ر	ض	د	ب	د	ك	م	ط	ط	د
ب	م	ى	ف	ف	غ	ح	آ	ة	ت	ح	ط	ي	ي
ج	م	ا	ل	ع	ع	ب	ق	ع	ذ	ح	ف	ر	د
ا	ج	ح	م	ى	ض	ي	د	ا	ع	ر	ي	غ	د
و	ن	ة	ر	و	ج	ه	ة	ج	ن	ض	ق	ذ	ذ
س	غ	ح	ح	ؤ	ي	ر	س	ش	ي	ر	غ	ح	ع
ئ	ك	ا	ر	ف	س	ل	ا	ا	ص	ح	ا	ب	ك
ل	ش	ل	آ	ا	م	ف	ا	ج	أ	ة	إ	ل	د
ح	ي	م	غ	س	ف	ك	س	ب	ا	إ	م	ت	ض
إ	ع	ل	م	س	ا	ر	ا	ل	ر	ح	ل	ة	ص
د	ف	ا	ر	ي	ا	م	ق	غ	ت	ح	ض	ي	ر

نشاط
انحراف
حماس
فرصة
مرح
اصحاب
خطير
طبيعة
الملاحة
الجديد

السفر
مسار الرحلة
جمال
صعوبة
أمن
شجاعة
غير عادي
مفاجأة
تحضير
وجهة

35 - Flugzeuge

م	ر	ا	و	ح	ش	ز	ح	ا	ا	خ	ز	ط	إ
م	ق	ب	ح	ش	م	ؤ	ل	خ	ل	ش	ة	ز	ك
ظ	ز	ب	ي	س	ع	ذ	ص	د	ئ	ت	ى	و	ا
ن	ر	ا	ي	ط	م	غ	ا	م	ر	ة	ن	ز	ن
ء	ا	ن	ب	ا	ر	ت	ف	ا	ع	م	ا	ق	و
ا	ك	ا	ض	ط	ر	ا	ب	ئ	ض	غ	ل	ف	ل
م	ب	ة	ظ	ه	ط	ظ	م	ي	م	ص	ت	ل	ا
س	ق	ط	ن	إ	و	ا	ك	ذ	ز	ف	ا	ئ	ب
ر	ن	ق	ا	خ	ف	ا	ق	ذ	و	ت	ر	ب	ب
و	ق	و	د	د	و	ي	ء	م	م	ئ	ي	ك	ح
ه	ي	د	ر	و	ج	ي	ن	ذ	ى	ش	خ	ف	ح
ح	و	ة	ن	ز	غ	و	ئ	ف	د	ئ	ح	ى	م
ى	ث	م	ح	ر	ك	ى	ص	ا	ئ	ط	غ	ت	ز
ا	ل	غ	ل	ا	ف	ا	ل	ج	و	ي	ج	ذ	خ

بناء
هواء
محرك
التنقل
راكب
طيار
مراوح
اضطراب
هيدروجين
طقس

مغامرة
اصل
الغلاف الجوي
بالون
وقود
طاقم
التصميم
التاريخ
سماء
ارتفاع

36 - Haartypen

ج	س	ح	ن	أ	ت	أ	غ	آ	ك	و	ف	ب	ئ
ق	إ	ا	ذ	ش	ج	ب	ر	ق	ي	ق	د	ئ	ة
ض	آ	ض	ت	ق	ع	ي	د	ا	م	ر	ف	و	ز
ط	ذ	ك	ت	ر	ي	ض	ق	ي	س	س	ل	خ	ض
ت	خ	م	ص	ر	د	ق	ص	خ	د	ب	ذ	ذ	و
ظ	أ	ص	ل	ع	ا	ب	ي	ج	ع	آ	ك	ن	ظ
س	ك	غ	و	ص	ل	ث	ر	ا	ج	و	م	ت	م
ط	ظ	ظ	ص	س	ش	ط	ة	ط	م	ا	ق	م	ع
و	ا	آ	ب	م	ع	ف	م	د	ذ	ز	ف	ح	ا
ي	ح	ص	س	ن	ر	ف	ض	م	ح	س	ش	ع	ن
ل	ن	ة	خ	ب	ث	و	ي	د	ج	ق	ر	س	و
س	ئ	ب	ط	غ	ر	ئ	ا	ف	ض	ل	ا	غ	ل
م	غ	ك	ذ	ر	أ	س	و	د	ض	ف	ئ	و	م
ن	ئ	ق	ف	آ	ؤ	ج	ر	ث	ض	ة	ظ	إ	س

أشقر	طويل
بني	تجعيد الشعر
سميك	مجعد
رقيق	أسود
ملون	فضة
مضفر	جاف
صحي	ناعم
رمادي	أبيض
أصلع	متموج
قصيرة	الضفائر

37 - Essen #1

ف	ي	ج	ث	ت	ك	غ	ل	ض	ب	س	ف	ة	ؤ
ح	ح	ل	ي	ب	ب	ص	ل	إ	ش	ئ	ر	ز	ج
س	س	ف	آ	د	ز	خ	ص	ر	ط	ة	ا	ك	د
ل	م	ا	ل	ف	س	ض	ض	خ	ظ	ى	و	ئ	ش
ف	ي	ل	ء	ز	ب	ت	و	ن	ة	ر	ل	و	ع
ؤ	ف	م	و	ث	ا	ك	ف	ج	ف	ي	ة	ف	ي
إ	إ	ح	و	خ	ن	غ	م	د	ر	ح	ل	م	ر
ذ	ض	ل	و	ن	خ	ي	ط	ث	ق	ا	ئ	ل	ي
ق	ه	و	ة	ج	س	ن	م	ط	ر	ن	ع	ل	ص
ة	ئ	ة	ط	ن	ش	ن	ي	آ	ك	ى	غ	ؤ	ع
د	ظ	خ	ل	و	ث	ج	ة	ف	س	ك	ث	ك	ى
ي	ى	ؤ	س	م	ق	ع	ث	ز	ل	ص	غ	ئ	آ
ط	ك	ف	ل	ف	ت	إ	ط	غ	ا	ز	ؤ	خ	ث
ج	م	ب	و	ظ	ذ	ق	إ	ب	ج	ؤ	ة	ع	و

عصير
سلطة
ملح
سبانخ
حساء
تونة
قرفة
ليمون
السكر
بصل

ريحان
كمثرى
فراولة
لحم
شعير
قهوة
جزر
ثوم
حليب
لفت

38 - Ethik

ا	ؤ	ط	ة	غ	آ	ي	ج	ح	ك	م	ة	آ	د
ل	ح	م	ا	س	ت	ل	ا	ل	ف	ر	د	ي	ة
ق	ا	ض	ى	ك	ن	و	ا	ع	ت	م	و	د	ب
ي	م	ل	و	آ	ح	ق	د	ص	ل	ا	ر	ب	ص
م	ش	ع	ل	ر	ق	ع	ا	ع	ل	ث	ض	ل	ي
غ	ي	ط	ب	ط	ح	م	ر	ت	ح	م	ز	و	و
ح	ن	ف	ح	د	ف	آ	ن	ا	ق	ق	ن	م	ك
ا	ل	ع	ق	ل	ا	ن	ي	ة	ث	ة	ف	ا	ر
ا	ل	و	ا	ق	ع	ي	ة	ت	ة	ي	ق	س	ا
ر	ك	س	ص	ر	ؤ	ع	ذ	ر	ف	ش	إ	ي	م
إ	ن	س	ا	ن	ي	ة	ش	ح	ط	ا	ل	ك	ة
ف	ف	ز	ة	ز	ع	ف	ب	ظ	ي	ى	ؤ	ل	و
ى	ر	ص	ز	ج	ص	س	و	خ	ذ	م	ع	ل	ج
ا	ل	ن	ز	ا	ه	ة	ض	آ	ف	ل	س	ف	ة

إيثار
دبلوماسي
الصدق
اللطف
صبر
الفردية
النزاهة
إنسانية
عطف
تفاؤل

فلسفة
العقلانية
الواقعية
محترم
التسامح
معقول
حكمة
القيم
كرامة
تعاون

39 - Gebäude

ا	و	و	ق	ر	ح	ز	ب	ر	ج	ر	ب	آ	ح
م	ل	ذ	غ	ش	ئ	ؤ	ي	ج	ا	ر	ك	ة	ر
ن	ز	م	ش	ط	ت	ك	ر	ا	م	ر	ب	و	س
ي	ث	ل	ق	ح	ظ	ي	ر	ة	ع	ذ	ع	ف	م
س	غ	م	ظ	ص	ف	ن	د	ق	ة	م	ل	ظ	غ
ت	ة	ث	س	ر	و	م	خ	ي	م	ة	م	إ	ذ
ص	س	ز	ر	ق	ا	ر	ص	ل	ا	ر	ة	م	ى
ت	ط	ث	ض	ف	خ	ب	ة	ن	ق	ل	ض	ز	ر
ج	ت	ص	ن	غ	ج	ت	ث	م	ع	ف	خ	ر	ث
ك	ر	ظ	ق	خ	ذ	خ	ذ	م	س	ح	ج	ع	ص
ز	د	م	ف	ب	إ	م	ط	ر	ذ	ت	ث	ة	ف
ل	غ	ط	ش	ش	ق	ج	ح	ص	ث	م	ش	ح	ج
م	د	ر	س	ة	ن	ز	ل	د	ح	س	ظ	ف	ك
ا	ل	س	ف	ا	ر	ة	ا	ة	ز	غ	و	ط	ى

مزرعة
السفارة
مصنع
كراج
نزل
فندق
المقصورة
سينما
مستشفى
مختبر

متحف
مرصد
حظيرة
مدرسة
ملعب
سوبر ماركت
مسرح
برج
جامعة
خيمة

40 - Mode

ا	ل	ح	د	ا	ل	أ	د	ن	ى	ك	ف	ح	ا
ث	خ	و	د	إ	ن	آ	س	ب	م	د	إ	د	ل
غ	س	س	و	ت	ر	ق	م	ف	ت	ض	غ	ي	د
ن	م	ط	ع	م	ل	ي	ل	غ	و	ق	ع	ث	ا
ف	ن	ي	ص	إ	ا	ل	ا	ش	ا	م	ق	ق	ن
ج	ص	س	ئ	آ	ت	ص	ب	ش	ض	ل	ح	ن	ت
ع	ل	ب	ط	غ	ج	أ	س	ض	ع	س	ئ	ن	ي
ج	ض	ج	ؤ	ب	ا	ن	ئ	ظ	و	ة	ت	ذ	ل
م	ك	ل	ف	ة	ه	ا	ي	إ	ب	ن	ا	ض	ش
أ	أ	خ	ئ	د	ي	م	ل	م	ت	ث	ا	خ	ي
ؤ	ز	ن	ي	ك	ي	ت	و	ب	ر	و	ع	ب	خ
ئ	ت	ر	ي	ث	ج	ط	غ	ض	ج	ي	س	ن	ف
ص	خ	ب	ا	ق	إ	و	ر	ق	ك	و	ح	ؤ	ة
ج	ث	آ	ق	ر	س	ر	ت	ط	ر	ي	ز	د	ص

عملي
الدانتيل
تطريز
نمط
قماش
أزرار
مكلفة
نسيج
اتجاه

متطور
متواضع
بوتيك
بسيط
أنيق
ملابس
مريح
الحد الأدنى
حديث
أصلي

41 - Essen #2

ن	ظ	ك	م	س	ف	ر	ك	س	خ	ظ	م	ب	ل
ك	ل	ي	و	ب	ش	ب	ف	م	ح	ب	ث	ا	ح
غ	ع	ر	ز	ر	أ	ت	غ	ص	ي	ش	ز	ذ	م
ض	ت	ع	ل	ر	آ	ج	ب	ن	ل	و	ز	ن	ا
ع	ص	ح	ي	ر	ك	ح	ل	و	ك	ؤ	ا	ج	ل
ؤ	خ	ن	ق	ف	ث	ط	و	ي	و	ص	ن	ا	خ
ف	ذ	ث	م	س	ح	ط	ش	ل	ر	ق	ت	ن	ن
ى	ش	ح	ل	ظ	ب	ئ	م	ه	ب	ذ	م	ض	ز
م	آ	إ	ك	ذ	ض	ر	ح	ا	ف	ت	ف	ر	ي
ئ	ر	ب	آ	ي	غ	ك	م	ش	ط	خ	ط	ئ	ر
م	ض	ض	ل	ب	إ	خ	ق	ث	ش	م	ر	د	ث
ت	ؤ	ع	ا	ي	ظ	ؤ	ز	ب	ا	د	ي	م	ا
ر	ز	ا	ح	ض	ت	ى	ل	ن	خ	ر	ش	و	ف
ع	ن	ث	و	ة	ت	ا	ل	و	ك	و	ش	ؤ	ض

تفاح
خرشوف
باذنجان
موز
بروكلي
خبز
بيضة
سمك
زبادي
جبن

كرز
لوز
فطر
أرز
لحم الخنزير
شوكولاتة
كرفس
هليون
طماطم
قمح

42 - Energie

ه	ي	د	ر	و	ج	ي	ن	ر	ك	ق	ص	غ	إ
ق	ف	س	ق	ئ	آ	ظ	ق	ا	س	ر	ض	ذ	س
و	د	و	آ	ح	ن	و	و	ي	و	خ	ب	ظ	ئ
و	ي	ش	ت	ك	ه	ر	ب	ا	ئ	ي	غ	و	س
ق	د	م	ة	و	د	ج	ن	ث	ا	ى	ي	ا	ن
و	ج	س	خ	ح	ن	ف	ة	ض	ل	ص	ر	ل	ث
د	ت	ح	ر	ا	ر	ة	آ	ج	ت	ب	ق	ت	ل
إ	ل	ك	ت	ر	و	ن	ئ	ر	و	ك	ا	ل	ط
ب	ل	ز	ي	د	ة	ل	ح	ي	ر	س	د	و	ص
ا	ل	ب	ط	ا	ر	ي	ة	ح	ب	غ	ر	ث	ن
غ	ب	ز	ن	ظ	م	س	غ	ي	ي	ف	ع	آ	ا
ذ	ا	ب	ن	ز	ي	ن	ق	ظ	ن	آ	ل	ئ	ع
ا	ق	ؤ	ض	ى	ح	غ	ج	ا	م	ذ	ي	ل	ة
ذ	ر	و	إ	ى	م	ح	ر	ك	ت	ت	م	و	ت

البطارية
بنزين
وقود
ديزل
كهربائي
إلكترون
غير قادر علي
قابل للتجديد
حرارة
صناعة

كربون
محرك
نووي
فوتون
شمس
التوربينات
بيئة
التلوث
هيدروجين
ريح

43 - Familie

ح	ز	ر	ا	ع	س	ح	ا	ؤ	ب	س	ر	ر	ج
ف	ط	ق	ا	ل	ا	ب	ج	ب	أ	ش	ق	ي	ق
ي	م	ح	ق	ح	ع	ئ	ن	أ	ن	ط	ن	ة	ك
د	ع	ط	إ	ك	ل	م	م	ل	ي	ة	د	ج	ز
ف	ح	ل	ا	ف	ط	أ	ل	ا	إ	م	ف	و	ض
ر	ش	ر	ؤ	ك	ن	ل	ظ	ح	ا	ع	آ	ز	ر
ن	ص	و	م	ى	ت	ا	س	ر	د	أ	د	ث	ز
د	ا	ب	ن	أ	خ	ع	ث	ا	س	م	إ	خ	ذ
ئ	و	ص	ر	ا	أ	ى	ر	آ	آ	ع	س	ا	ط
ج	د	س	ل	ف	ل	خ	د	خ	ك	ن	ك	ض	ب
آ	ز	ذ	ى	د	ث	ز	ش	ط	ب	ب	ث	آ	ص
ك	ى	ي	ل	م	ئ	ع	و	ا	غ	ا	ض	ش	ط
ع	ض	ر	ح	و	ؤ	ل	ن	ج	ل	م	إ	آ	ف
م	ر	ح	ل	ة	ا	ل	ط	ف	و	ل	ة	ظ	ل

شقيق
زوجة
الزوج
حفيد
جدة
جد
طفل
الأطفال
مرحلة الطفولة
أم

الأم
ابن أخ
العم
أخت
عمة
ابنة
أب
الأب
ابن عم
سلف

44 - Pflanzen

ب	ل	ح	ط	ف	م	ح	ا	آ	ر	و	ى	ث	ع
ل	ا	ب	ط	ط	ا	ف	ض	ر	ئ	ح	ش	ظ	ل
ب	ف	م	ج	ذ	ر	ص	ج	خ	ف	ط	ا	ط	م
ل	ظ	ذ	ب	ش	ع	ة	و	ة	ب	ا	غ	س	ا
ا	غ	س	ج	و	ن	ق	آ	ل	س	ك	ط	م	ل
ب	ل	ي	غ	ب	ي	ر	ي	ت	ي	ك	ن	ا	ن
س	ا	آ	آ	م	ا	و	و	ب	ر	ا	ك	د	ب
ا	ل	ن	ب	ا	ت	ي	ة	ل	ن	ع	ج	ج	ا
س	د	إ	م	ن	ث	س	ص	ا	ض	ل	ح	ظ	ت
ط	ت	ذ	ل	ف	ق	ت	ح	ب	ح	د	ي	ق	ة
ح	ف	ي	ط	ح	ت	ض	ش	م	ا	ق	خ	ن	ر
أ	و	ر	ا	ق	ا	ل	ش	ج	ر	ر	د	ب	ه
خ	ف	ز	ن	ا	خ	ا	خ	ش	ج	ر	ة	ت	ز
ث	ن	ت	ي	ج	ا	ض	ا	ف	ل	ا	ط	ض	ي

بامبو
شجرة
بيري
ورقة
زهرة
البتلة
فاصوليا
علم النبات
بوش
سماد

لبلاب
النباتية
حديقة
صبار
عشب
أوراق الشجر
طحلب
نبت
غابة
جذر

45 - Kunst

ق	ض	ذ	ت	ع	ن	ئ	د	ئ	ع	ث	ي	ز	ا
ج	ب	ظ	خ	ؤ	ر	ظ	ض	ج	ت	ط	إ	ة	ل
ت	ف	آ	ل	ص	خ	ك	ف	ؤ	آ	ز	ت	ر	ن
ي	ع	ج	ك	ا	ك	ز	ب	س	ك	ف	م	م	ح
ة	ك	ح	ش	د	ت	ظ	ك	س	ة	غ	ج	غ	ت
ي	ل	ص	أ	ق	م	إ	ر	ن	ي	و	ك	ت	ا
ل	ظ	د	ك	ص	س	ق	م	ل	ر	ط	إ	ص	ح
ا	د	ذ	ل	ئ	ؤ	ي	ب	ؤ	ص	خ	م	و	و
ي	ل	ي	ظ	ة	ر	ل	ر	ظ	ب	ا	و	ي	ل
ر	ب	م	ا	م	ق	آ	ط	ا	ر	ق	ض	ر	ي
س	ش	خ	ص	ي	ز	ز	ع	د	م	خ	و	ف	غ
ل	م	ش	ن	ط	م	ا	ض	خ	ة	ي	ع	ث	د
ا	ظ	ع	ذ	ع	ر	د	ج	ل	ج	ف	ك	د	ث
ا	ث	ر	ي	ب	ع	ت	ل	ا	ب	ن	ق	ط	د

التعبير
صادق
بسيط
موضوع
لوحات
ربما
سيراميك
مركب
أصلي

شخصي
شعر
تصوير
النحت
مزاج
السريالية
رمز
بصري
تكوين

46 - Gewürze

ح	خ	ش	ي	ط	ل	ي	ج	ن	ئ	ض	ط	ز	ا
ا	ل	ش	م	ر	ة	ع	و	ح	ل	ق	ز	ؤ	ل
ا	ي	ة	ض	م	ا	ح	ز	ظ	ع	ع	ع	غ	ي
د	ب	ض	ؤ	ح	ز	ك	ة	م	و	ث	غ	س	ا
ظ	ج	ع	ظ	أ	ع	ى	ا	ع	ر	ك	ئ	غ	ن
إ	ن	ل	ف	ل	ف	ش	ل	ر	ي	ط	ث	ك	س
ح	ز	س	ل	ف	ر	ط	ط	ق	آ	ح	ل	م	و
ق	ر	ف	ة	ل	ا	م	ي	ا	ر	ل	ف	ض	ن
ط	ش	غ	آ	ف	ن	ض	ب	ل	ذ	و	ن	ة	ر
ة	ص	ق	ل	م	ن	ى	ك	س	ر	ع	ر	ؤ	ب
ج	ل	ذ	ظ	ك	ا	ك	ش	و	ي	ش	ق	ح	ر
ف	ا	ن	ي	ل	ا	إ	ه	س	ب	ف	ل	و	ؤ
ح	ب	ا	ل	ه	ا	ل	س	ة	ي	ش	ا	و	آ
ا	ك	ق	ذ	ب	ص	ل	ج	س	ف	ر	آ	إ	ع

القرنفل
فلفل أحمر
فلفل
زعفران
ملح
حامض
حلو
فانيلا
قرفة
بصل

اليانسون
مر
كاري
الشمرة
نكهة
زنجبيل
حب الهال
ثوم
عرق السوس
جوزة الطيب

47 - Kreativität

ا	أ	ن	ج	آ	ذ	ى	آ	م	ر	إ	ى	س	ا
ل	ع	ص	ش	ر	ث	ر	ي	ب	ع	ت	ل	ا	ن
إ	ؤ	ف	ا	ل	ق	ا	ن	د	ا	ى	ا	س	ط
ل	ع	ق	و	ل	د	ك	ف	ع	ش	ا	ي	ح	ب
ه	ط	و	ف	ي	ة	ف	م	ق	م	ق	خ	إ	ا
ا	و	ض	و	ح	ة	أ	ه	ث	ض	ئ	ث	إ	ع
م	ل	ل	ى	ؤ	ر	ل	ا	ى	م	ك	ف	د	ق
ي	ك	ي	ت	ا	م	ا	ر	د	ح	ت	ص	ذ	ن
ص	ت	إ	و	ع	و	م	ة	ش	د	ة	و	ر	ظ
ن	ف	ت	ق	ع	س	د	ح	ل	ا	ي	ر	ج	ل
ع	إ	ت	م	ا	ش	ئ	ا	ث	و	و	ة	ب	ذ
ط	ك	خ	ا	ح	ل	ا	ي	خ	س	ي	ئ	ف	ي
ك	ص	ن	ف	ن	ض	ؤ	ى	ع	ت	ح	س	ض	ق
ى	ك	آ	ر	ر	ث	ؤ	آ	ض	ط	ض	ج	آ	إ

الإلهام
شدة
الحدس
وضوح
فني
خيال
إحساس
عفوية
الرؤى
حيوية

التعبير
أصالة
صورة
دراماتيكي
انطباع
مبدع
مهارة
سيولة
مشاعر
الأفكار

48 - Geschäft

ح	ش	ظ	ض	ر	ة	ل	م	ع	ق	ط	ح	ة	ق
غ	آ	ظ	م	ب	ي	ا	ص	ص	ة	س	ب	ي	ع
ؤ	ؤ	ث	خ	ح	ن	م	خ	ز	ن	ة	ث	ر	ص
ن	ب	د	ح	ي	ا	س	ة	ق	ه	ع	ج	ا	ا
ة	ر	ئ	ض	س	ز	ج	ف	د	م	خ	د	ج	ح
ت	ا	د	ا	ر	ي	إ	ل	ا	ئ	ف	م	ت	ب
ر	م	ي	ش	ر	م	ذ	ك	ص	غ	ر	و	ة	ا
ص	ث	ا	س	د	ض	ص	ت	ت	إ	ش	ظ	ي	ل
ت	ت	د	ئ	ص	ع	ل	ل	ق	آ	و	ف	ل	ع
ظ	س	ب	ض	ا	ئ	ع	ا	ا	غ	غ	ر	م	م
ى	ا	ر	ر	ي	د	م	ج	ل	ع	خ	ز	ع	ل
ج	ذ	ئ	س	ج	ق	و	ط	ا	س	إ	د	ع	ق
ض	ئ	ش	م	ك	ت	ب	د	غ	د	ر	ذ	ف	ة
ك	ط	ر	ج	س	و	م	ذ	ل	و	ظ	ظ	ز	ئ

صاحب العمل
ميزانية
مكتب
الإيرادات
مصنع
مال
متجر
ربح
استثمار
مهنة

التكلفة
مدير
موظف
خصم
الضرائب
عملية تجارية
بيع
بضائع
عملة
الاقتصاد

49 - Ingenieurwesen

آ	ح	ر	ف	ع	ب	ن	ا	ء	ط	ا	ق	ة	ب
ظ	ت	ف	م	س	ا	ئ	ل	س	و	ر	ت	ل	ا
م	ى	ق	ز	خ	ج	ا	ع	ذ	ة	و	ة	آ	س
و	ف	ئ	ج	ض	ل	م	ت	ع	ي	ز	و	ت	ح
ص	ك	ر	ك	د	ؤ	ش	ل	ن	و	ص	ق	ذ	آ
س	ي	ظ	ف	ة	ؤ	ذ	ا	ج	ا	ذ	س	ر	ت
آ	ى	ع	غ	ى	ج	ي	ت	ع	ز	إ	آ	م	ز
خ	ف	آ	ك	ئ	ب	ل	ز	ي	د	ض	ى	ط	د
ف	د	غ	ل	م	ك	ر	ح	م	ة	م	ح	ذ	ذ
ق	ي	ا	س	ث	ج	و	ر	ذ	ك	ث	م	ق	ص
آ	إ	ر	س	ز	غ	ح	س	ع	ج	ك	ا	د	س
ج	م	ظ	ب	ل	ن	م	ظ	ئ	ص	ئ	ح	ض	ز
ص	غ	ن	د	ي	ع	ة	ئ	ع	م	ل	ك	ي	ه
ؤ	ش	ا	س	ت	ق	ر	ا	ر	ط	ق	م	ا	ث

بناء
آلة
قياس
محرك
استقرار
قوة
هيكل
عمق
توزيع
زاوية

محور
الدفع
حساب
رسم بياني
ديزل
قطر
طاقة
سائل
التروس
العتلات

50 - Kaffee

ى	ط	ك	ر	ي	م	ظ	ف	ر	ئ	ث	ح	خ	أ
ء	ا	م	ج	م	م	ذ	ظ	ذ	إ	ن	م	إ	س
ف	ل	ئ	ا	س	م	ش	ر	و	ب	ح	م	ص	و
غ	أ	ا	ل	س	ك	ر	ق	ش	ث	م	ذ	غ	د
ة	ص	ص	ب	ا	ح	ث	م	ن	ع	ح	م	ض	ي
ه	ل	ق	آ	ص	ة	ن	ص	د	ا	خ	ك	ل	س
ك	ر	ي	س	ف	ق	و	ف	ي	ط	ك	ر	ظ	ح
ن	و	ع	ط	ق	د	ز	ك	س	ا	غ	ة	ف	ز
ح	ف	ب	ح	ذ	د	ن	و	ع	ك	خ	ذ	ذ	ف
ن	ئ	ي	ن	ي	ي	ف	ا	ك	ش	س	إ	ذ	ل
ق	ب	ل	د	س	م	د	ض	ب	ك	ز	ص	ش	ت
ى	ث	ح	ة	ش	ز	ش	ث	ذ	ظ	م	إ	ت	ر
ظ	ؤ	و	آ	ئ	ب	ظ	و	ة	ك	ظ	ع	س	ط
إ	ب	ي	ت	ق	غ	ث	ش	ي	ل	ص	ع	ح	خ

صباح
ثمن
حمضي
أسود
كوب
الأصل
نوع
ماء
السكر

مر
كريم
فلتر
سائل
مشوي
نكهة
مشروب
كافيين
طحن
حليب

51 - Gemüse

ك	ر	ف	س	ط	ج	ى	ة	خ	ل	ص	ب	خ	ا
ك	ر	ج	ء	ا	ل	ز	ا	ب	ر	ف	ع	ي	ل
ط	س	ك	ط	ي	ب	ن	ر	ق	س	ش	ت	ا	ب
ث	و	م	ط	ب	ئ	ي	و	ى	ب	ت	و	ر	ط
ب	خ	ئ	ب	ش	ف	ط	ا	ي	ا	ض	م	ف	ا
ق	ث	ض	ج	ض	س	ق	ل	ؤ	ن	ف	ط	ر	ط
د	س	ع	ش	ت	ض	ي	ل	ى	خ	ى	ا	و	س
و	ل	ي	ب	ج	ن	ز	ط	ي	ذ	ح	م	ط	ة
ن	ط	ل	ز	ق	ل	ظ	ص	م	ز	ذ	ط	ص	ي
س	ة	ك	ن	ؤ	ئ	ج	ك	ن	ج	ب	ي	ئ	ع
ك	ب	و	ذ	و	ت	خ	ط	د	ث	س	ج	ا	ز
ع	د	ر	ق	آ	ا	ا	ك	ذ	ب	آ	ث	س	م
ف	ط	ب	ط	د	خ	خ	ر	ش	ج	ؤ	ك	م	ف
ا	ز	ي	ت	و	ن	ا	ج	ن	ذ	ا	ب	خ	ف

خرشوف
باذنجان
قرنبيط
بروكلي
بازلاء
خيار
زنجبيل
جزر
البطاطس
ثوم

يقطين
زيتون
بقدونس
فطر
لفت
سلطة
كرفس
سبانخ
طماطم
بصل

52 - Schönheit

ع	خ	س	ر	ق	ظ	د	أ	ف	ع	ئ	م	ا	ت
ن	س	ح	و	ق	ا	ل	ح	ض	ا	ث	ر	ل	ج
ز	ع	ر	ط	ى	ي	ل	م	ع	ا	ن	آ	ل	ع
ي	ح	م	ع	ي	ش	ق	ر	م	ق	ص	ة	و	ي
و	ر	ئ	ة	ذ	ش	ت	ا	م	د	خ	ق	ن	د
ت	ش	ة	ن	غ	ف	ز	ل	ل	ل	د	ا	ض	ا
ا	ف	ى	ض	ش	غ	ص	ش	ظ	ج	م	ن	ك	ل
ي	ا	م	إ	ك	د	ط	ف	ق	ي	ن	أ	ص	ش
ش	ر	م	ى	ئ	ر	س	ا	ع	ي	ت	ز	ط	ع
ك	ا	ع	ر	ي	ي	ن	ه	م	ف	ج	ة	ذ	ر
ذ	ك	م	ث	ت	ز	و	ئ	ت	ث	ا	ع	ك	ت
س	س	ت	ب	ظ	م	ش	ز	ع	ا	ت	ح	ك	ا
ئ	ا	ذ	ك	و	ت	ش	غ	ح	ي	ى	ة	إ	غ
ح	م	ة	ط	ج	ط	و	ح	ج	و	ج	آ	ن	ق

نعمة
سحر
خدمات
عطور
أنيق
أناقة
اللون
رقيق
ناعم
جلد

أحمر الشفاه
تجعيد الشعر
زيوت
منتجات
مقص
شامبو
مرآة
حلاق
ماسكارا

53 - Tanzen

ن	ع	م	ة	ص	ج	آ	آ	ف	ع	ا	ط	ف	ة
ت	ق	ل	ي	د	ي	ث	ق	ز	ا	ط	ز	ق	ر
م	ظ	ث	ف	ة	ك	خ	ة	ا	ق	آ	ر	و	ب
ث	إ	م	ا	ع	ي	ش	ك	ك	ي	ر	ش	م	ع
ب	و	ل	ق	ت	س	ئ	ر	ة	إ	ع	ذ	ل	م
ز	ؤ	غ	ث	ع	ا	ت	ح	ر	و	ن	ط	ا	ب
ش	ض	ر	ك	ي	ل	س	ئ	ر	ف	س	ذ	ك	ذ
ب	ح	ا	م	ث	ك	ف	ة	ت	و	ة	ع	د	آ
ر	ا	ل	أ	ك	ا	د	ي	م	ي	ة	ط	ت	ب
و	ش	ن	ج	ل	ق	ر	ئ	ح	ي	غ	غ	ا	ص
ف	ص	ث	ر	ر	ة	ف	ا	ق	ث	م	ر	ح	ر
ة	م	و	س	ي	ق	ى	ز	ح	ا	ى	ج	ش	ي
ل	س	إ	ك	ر	ر	آ	إ	ن	ق	ل	إ	ب	ط
ا	ل	ك	و	ر	ي	غ	ر	ا	ف	ي	ا	ر	ج

الأكاديمية
نعمة
معبرة
حركة
الكوريغرافيا
عاطفة
مرح
الموقف
كلاسيكي
جثة

ثقافة
ثقافي
فن
موسيقى
شريك
بروفة
إيقاع
قفز
تقليدي
بصري

54 - Ernährung

ج	ز	ر	ن	ع	س	ة	ح	ص	ل	ا	ص	ش	و
ا	ل	ح	ب	و	ب	ب	ذ	ا	ت	ر	ى	ث	ز
ت	ا	ن	ي	ت	و	ر	ب	ل	ا	غ	ر	ج	ن
ح	م	ي	ة	ص	ل	ص	م	ح	ر	ج	ز	ء	ة
م	خ	ر	ي	م	خ	ت	ل	ل	د	ق	آ	و	ة
ف	ت	د	ه	ج	و	د	ة	ل	ي	ب	ي	ح	ص
ي	ث	و	ش	و	ئ	آ	ج	أ	ه	ف	ذ	ك	ك
ت	و	ي	ا	ل	غ	غ	ي	ك	و	ض	غ	و	ي
ا	ص	ف	ة	ز	ح	ئ	خ	ل	ب	ل	م	ي	و
م	ث	ئ	ج	و	ن	ف	ا	و	ر	إ	ل	ص	ج
ي	ض	ج	ط	ض	س	ض	ص	خ	ك	د	ا	ش	ن
ن	ن	إ	آ	غ	م	ك	ر	ن	ل	ط	ث	غ	ك
ل	ك	ف	ض	ع	ؤ	ظ	ر	ت	ا	غ	ذ	ز	ه
س	ذ	د	ح	ق	ط	س	ل	ى	ض	خ	س	م	ة

شهية
متوازن
مر
حمية
صالح للأكل
تخمير
نكهة
صحي
الصحة
الحبوب

وزن
الكربوهيدرات
المغذي
جزء
البروتينات
جودة
صلصة
سم
هضم
فيتامين

55 - Länder #1

ر	ج	ؤ	ض	ن	ض	ن	ج	ك	ث	م	ن	د	ئ
ح	آ	ج	ل	ى	ب	أ	ر	م	س	ص	ي	ى	س
غ	ت	ي	ي	ز	ل	ف	ب	ب	د	ر	ك	ذ	ر
ج	ن	و	ز	م	ق	ع	ف	و	ش	و	ا	ق	ر
ا	ا	ر	ا	ب	و	ل	ن	د	ا	م	ر	ئ	ب
ي	ل	ن	ر	ش	ف	ي	خ	ي	ج	ذ	ا	ت	ع
ن	ي	ل	ب	ص	و	ئ	ف	ا	ض	د	غ	ب	ص
ا	و	ا	ل	ك	ا	ا	ض	ف	ن	ذ	و	ظ	ل
ب	ز	ت	ا	د	ي	ر	د	ك	ة	خ	ا	ظ	ص
س	ن	ط	و	ن	ف	س	ا	ي	ل	ا	ط	ي	إ
إ	ف	ب	ا	ه	ت	إ	آ	ق	ا	ر	ع	ل	ا
ى	و	م	ي	ل	ا	م	س	م	ا	ن	ت	ي	ف
ئ	و	ن	م	ا	ل	س	ن	غ	ا	ل	ذ	ج	م
ر	ط	س	ط	غ	ا	د	ن	ل	ن	ف	م	ن	ص

مصر
البرازيل
ألمانيا
فنلندا
الهند
العراق
إسرائيل
إيطاليا
كمبوديا
كندا

لاتفيا
مالي
نيكاراغوا
النرويج
بولندا
رومانيا
السنغال
إسبانيا
فنزويلا
فيتنام

56 - Technologie

ا ؤ ا ف ي ر و س ت ى س س غ ي
ف د ل إ ش ق خ س ي ر ج ى ل ى
ت خ ب ا م م د و ن ة خ ا ج ذ
ر آ ي س ر ي ب ا ؤ ش ل ح و ن
ا ذ ا ض د ا ر ل ا ا ف ى ا ش
ض ذ ن ى ي ي و إ ر ش ث ا ل خ
ي ر ا ت م ت ب ح ث م ا ت ح ح
ة س ت ا ل م ت ص ف ح ب م ا إ
ى ا ك ح ق ص ن ا ل ى ط خ س ن
ك ل ت ص ي ة س ء م و ص د و ت
خ ة ق ض ح ى ع ى ب ص ى ظ ب ر
و ث ى ا ر أ ف ز ب م ي ل م ن
ض ر ع ف ظ م ت ب ر م ج ي ا ت
و ع ص ذ ح ن ر ش ؤ م ل ا ق ج

بحث
إنترنت
كاميرا
رسالة
خط
أمن
برمجيات
الإحصاء
افتراضية
فيروس

عرض
شاشة
مدونة
المتصفح
بايت
الحاسوب
المؤشر
ملف
البيانات
رقمي

57 - Science Fiction

ت	ق	ن	ي	ة	ن	ي	د	ي	ب	ت	ك	ل	ا
ا	ل	ع	ا	ل	م	ي	ة	و	ع	ز	ن	آ	ل
ا	ؤ	ث	د	ز	ق	ش	ط	ض	ي	ح	ن	ب	ر
ل	ر	و	ف	ج	ذ	إ	إ	ط	د	ط	د	ى	و
س	ر	ا	ن	س	ي	ن	م	ا	ر	ا	ئ	ع	ب
ي	ى	ق	ع	د	غ	ش	خ	ع	ك	ب	ي	ح	و
ن	ة	ع	آ	ت	ى	ج	ى	غ	إ	س	ح	ى	ت
ا	ة	ي	ئ	ا	ي	م	ي	ك	د	ا	و	م	ا
ر	ل	إ	ل	م	ت	ف	ك	غ	ف	ر	ق	ع	ت
ي	ف	ك	ت	ب	ع	ر	و	و	غ	ا	م	ض	ى
و	ؤ	ز	ن	ب	ق	ط	ك	ه	ر	ج	ض	ك	ل
ذ	ؤ	ز	ص	خ	ئ	ت	ب	م	ا	ف	و	إ	م
و	ح	ي	خ	ب	ط	م	س	ي	ن	ن	و	ه	و
ي	و	ت	و	ب	ي	ا	م	م	ع	ا	ر	ض	م

الكتب
مواد كيميائية
انفجار
متطرف
رائع
بعيد
نار
مستقبلية
غامض
وهم

وهمي
سينما
وحي
كوكب
واقعي
الروبوتات
السيناريو
تقنية
يوتوبيا
العالمية

58 - Haustiere

ب	ب	غ	ا	ء	ط	ق	ط	ه	ص	ء	ا	م	ب
ض	ن	ي	ظ	ز	ع	ا	م	ر	ذ	ش	ل	م	ت
ك	ؤ	ر	أ	ف	ا	ط	ص	ي	ظ	س	ك	م	ى
ت	ي	ط	أ	غ	م	ط	د	ر	ظ	م	ف	ئ	م
ك	ة	ي	ل	ح	س	ل	ا	ة	ن	ك	و	ج	ك
ر	ض	ب	س	ى	خ	ى	ا	غ	ز	ع	ف	إ	و
آ	ا	ب	ف	م	ج	ي	ص	غ	ت	ص	ط	غ	ق
ض	ر	ي	ف	خ	ج	ر	ق	ح	ح	ع	ذ	ج	ش
س	ب	ب	خ	ا	آ	ة	و	ص	ئ	م	ي	ظ	د
إ	ط	ط	ي	ل	ؤ	آ	ط	غ	إ	ل	ل	ض	ق
ظ	ف	ر	ص	ب	غ	د	ة	ب	ض	ف	ئ	ل	ك
غ	ض	ض	ب	خ	ح	ب	ق	ر	ة	ظ	ح	ب	ل
ن	إ	ظ	ة	ا	ف	ح	ل	س	ع	ة	ذ	ف	ب
و	ب	ح	ن	ق	ط	ش	ج	ف	ت	ي	خ	س	د

سحلية
طعام
سمك
أرنب
كلب
قط
هريرة
طوق
مخالب
بقرة

رباط
فأر
ببغاء
الكفوف
سلحفاة
ذيل
طبيب بيطري
ماء
جرو
ماعز

59 - Literatur

ة	ا	س	أ	م	ة	ر	إ	و	ص	ف	ج	م	ا
ص	س	ا	ؤ	ا	ر	ر	ة	ي	ا	و	ر	ث	ل
ح	ت	ي	ى	ق	ا	ف	ي	ة	ق	م	ط	م	ن
و	ن	ق	ق	إ	ع	ف	و	ي	خ	ا	ؤ	ش	و
ا	ت	ل	ص	آ	ت	آ	ا	ا	ل	ي	ع	ل	ع
ر	ا	ا	ي	ن	س	ك	ر	ك	ض	ح	ا	ظ	ف
ى	ج	ط	د	ع	ا	ت	ل	ح	ر	و	ظ	ل	ر
ض	إ	ض	ة	ا	ق	ؤ	ا	ى	ى	ت	ث	د	ب
إ	ش	ئ	ش	م	ق	ا	ر	ن	ة	ب	خ	ئ	ف
ا	ي	ي	ا	ا	ك	ك	ت	ح	ل	ي	ل	غ	و
ز	ت	ط	ع	و	ض	و	م	ا	ت	ي	ن	ى	ش
ا	ي	و	ر	ت	ى	ل	ض	ج	ر	ذ	آ	إ	ح
آ	آ	ة	ي	ر	ث	ي	و	ض	ل	ك	ئ	خ	ج
ث	ش	ئ	ل	ر	إ	ا	ج	ك	ى	ط	ت	ط	ض

استعارة
شاعري
قافية
إيقاع
رواية
استنتاج
نمط
موضوع
مأساة
مقارنة

القياس
تحليل
حكاية
مؤلف
وصف
حوار
الراوي
خيال
قصيدة
النوع

60 - Wandern

ا	ى	ث	ص	ا	ل	ح	د	ا	ئ	ق	ئ	ع	أ
ت	إ	ظ	ؤ	خ	ع	ل	ل	ا	ح	ؤ	ب	ح	ظ
ل	ط	ق	س	ح	ز	ح	ؤ	س	ص	ع	ذ	ا	ذ
ب	ع	ت	م	ق	ي	ي	ت	ح	ض	ي	ر	خ	خ
ع	ر	ل	ش	و	ط	ب	ي	ع	ة	ف	ص	ؤ	ء
ى	ح	ح	ا	ن	غ	ى	ج	ر	ه	ا	ج	ت	ا
ط	ة	ن	ج	ط	خ	ر	م	ا	ث	ر	و	خ	م
و	ا	ب	ة	ز	ف	ط	ط	ل	ق	ت	ة	ر	ب
ت	ض	ف	آ	ب	ق	ا	ج	ح	ي	ب	ر	ي	ذ
ط	ت	ع	م	ن	ا	خ	ل	ج	ل	ق	ث	ط	ف
ط	ض	ت	ي	س	ق	م	ة	ا	ب	ا	م	ة	ش
ت	ي	خ	ي	ؤ	ي	ل	ف	ر	ج	ع	د	ا	ت
آ	س	ر	خ	ش	ئ	ا	آ	ة	ف	ظ	ل	ذ	آ
ك	ئ	د	ت	ئ	ن	إ	ب	س	آ	ا	ق	غ	ل

الحدائق
ثقيل
شمس
الحجارة
أحذية
الحيوانات
تحضير
ماء
طقس
بري

جبل
تخييم
المخاطر
قمة
خريطة
مناخ
جرف
متعب
طبيعة
اتجاه

61 - Länder #2

س	إ	ظ	ت	آ	ف	ك	ل	ة	ع	إ	ا	ب	ة
ق	و	ى	ظ	ر	ر	ي	ا	ا	ؤ	م	ل	ا	خ
ئ	ف	ر	ك	ى	ن	ن	ل	ي	و	ح	ي	ك	ا
ج	ت	ى	ي	غ	س	ي	ي	ن	و	س	ا	س	ل
ر	م	ؤ	س	ا	ا	ا	و	ا	ط	ي	ب	ت	س
ن	ا	ا	ك	ي	إ	ع	ن	ب	ي	خ	ا	ا	و
ك	ا	ي	م	ب	و	ح	ا	ل	ص	آ	ن	ن	د
أ	ك	ن	ل	و	ك	ز	ن	أ	ج	ا	ب	ع	ا
إ	ي	ا	ا	ي	ل	ي	ب	ي	ر	ي	ا	ه	ن
ف	ا	ر	و	ث	ق	ك	ئ	ت	ل	ر	د	ا	ح
ب	م	ك	ل	أ	ر	و	س	ي	ا	ي	ن	ي	ك
آ	ا	و	ي	ن	د	ب	ق	ئ	ب	ج	غ	ت	ؤ
ق	ج	أ	ر	إ	د	ى	ث	ة	ي	ي	و	ي	ش
ة	ا	إ	ع	ق	ي	ا	ظ	ف	ن	ن	أ	ط	ا

ألبانيا
أثيوبيا
فرنسا
اليونان
هايتي
أيرلندا
جامايكا
اليابان
كينيا
لاوس

ليبيريا
المكسيك
نيبال
نيجيريا
باكستان
روسيا
السودان
سوريا
أوغندا
أوكرانيا

62 - Fahrzeuge

ب	ذ	ض	ك	ق	د	م	د	ن	ي	ش	ى	ع	ؤ
ه	ة	ن	ح	ا	ش	غ	ب	ط	د	ط	ع	آ	ظ
ت	ل	ة	ن	ف	ا	ع	س	إ	ة	ر	ا	ي	س
ا	ق	ي	ظ	ل	ا	ث	ل	ة	ج	ر	س	خ	س
ك	ط	ج	ك	ة	ل	ف	ا	ح	ا	ث	ئ	إ	ت
س	ا	ق	خ	و	ر	ا	ص	ف	ر	س	ذ	ا	ئ
ي	ر	ش	ث	ر	ب	ض	ى	ة	د	ع	ش	غ	ط
م	ح	ر	ك	ت	ا	ت	ا	ر	ا	ط	إ	ل	ا
ل	ة	ت	و	م	ل	ب	ر	ا	ق	ا	ب	ت	ة
ز	ص	و	ص	آ	ع	ئ	ى	ي	ص	و	ظ	ض	ك
ط	ا	ك	ش	ك	ب	ز	ج	س	ض	ع	ي	ؤ	ى
ل	و	س	ؤ	إ	ا	ش	ذ	ش	ل	ش	ت	ن	ى
ص	غ	ف	ب	ر	ر	ط	ع	د	خ	و	ف	ش	ط
ث	ج	ر	ا	ر	ة	خ	ل	ث	ص	ف	ل	ؤ	ئ

سيارة
قارب
حافلة
دراجة
العبارة
طوف
طائرة
هليكوبتر
سيارة إسعاف
شاحنة

محرك
صاروخ
الإطارات
سكوتر
تاكسي
جرار
مترو
غواصة
قافلة
قطار

63 - Musikinstrumente

ذ	ر	ج	إ	ص	و	إ	د	ة	ا	ق	ة	د	ن
ث	ص	ث	م	ئ	ل	ق	ى	غ	ل	ؤ	ر	ى	ا
ب	ا	ل	ت	ش	ي	ل	و	ط	م	إ	ا	ع	ق
ي	ا	ل	ب	ا	ن	ج	و	ب	ز	ز	ث	ع	و
ا	د	ف	ص	غ	ي	ر	ض	ل	م	م	ي	ض	س
ن	و	ب	م	و	ر	ت	ل	ا	ا	و	ق	س	م
و	ض	ل	ك	ي	ع	ض	ب	ئ	ر	ن	ط	ا	ن
ك	و	ي	ا	ف	غ	ل	ي	ى	ا	ا	ت	ك	د
ذ	ث	ن	ة	ى	ص	م	ن	ظ	م	ي	س	س	و
ه	ا	ر	م	و	ن	ي	ك	ا	ز	ث	ض	ف	ل
غ	ب	ى	ش	ت	و	ا	ن	ا	م	ك	ز	و	ي
ز	ع	ز	د	و	س	ذ	ج	ل	د	ج	ج	ن	ن
م	آ	ح	ظ	ا	ا	ل	د	ق	ا	ت	ط	ث	ض
ج	ك	ذ	ل	ض	ب	ج	م	ف	غ	آ	ة	ا	م

البانجو
التشيلو
باسون
ناي
كمان
قيثارة
الدقات
ناقوس
جنك
مزمار

بيانو
مندولين
هارمونيكا
المزمار
الترومبون
ساكسفون
قرع
دف صغير
طبل
بوق

64 - Blumen

ق	ة	ا	ز	ن	ذ	ت	و	ل	ي	ب	ب	ى	ن
ع	و	ن	ح	ى	ك	ر	ا	د	ا	ئ	ف	آ	ث
ل	ب	ك	س	ط	د	ه	ي	د	ك	ر	ك	ل	ا
ق	ف	غ	م	ة	ب	م	ا	غ	ن	و	ل	ي	ا
ش	ا	خ	ش	خ	ل	ا	ظ	ذ	غ	ذ	ل	ك	ل
ب	ح	ع	ل	ى	ح	ز	س	ى	ز	و	ذ	ت	ف
ا	ي	ا	ا	ب	س	ة	خ	ى	م	ا	ز	خ	ا
ق	ا	آ	د	أ	ل	غ	د	ئ	س	خ	ع	ح	و
ة	س	خ	ا	ر	ا	ب	ل	و	م	ي	ر	ي	ا
أ	م	آ	ب	ج	ا	ي	ن	ي	د	ر	ا	ج	ن
ز	ي	د	ع	و	ء	ا	ب	د	ن	ه	ل	ا	ي
ه	ن	ي	ج	ا	ث	ن	ذ	د	د	إ	غ	د	ا
ا	ح	ز	ئ	ن	ن	ف	ا	م	ق	ى	خ	ش	ا
ر	ئ	ي	إ	ي	ا	ل	ب	ت	ل	ة	إ	م	ا

ماغنوليا
الخشخاش
السحلب
الفاوانيا
بلوميريا
وردة
عباد الشمس
باقة أزهار
توليب

البتلة
جاردينيا
ديزي
الكركديه
ياسمين
نفل
خزامى
أرجواني
زنبق
الهندباء

65 - Natur

ا	ل	ح	ي	و	ا	ن	ا	ت	ط	ي	ئ	د	ط
ا	ل	ق	ط	ب	ا	ل	ش	م	ا	ل	ي	ر	م
س	إ	ذ	ي	ا	آ	ب	ه	ى	ذ	ظ	ض	إ	ق
ض	ص	ى	ز	ل	ي	ئ	ا	و	ت	س	ا	ب	ث
ص	ب	د	خ	ج	ب	ا	د	أ	أ	و	ة	ك	ر
ح	ج	ا	آ	ب	ث	ظ	ئ	م	و	ا	ب	ر	ي
ر	إ	ف	ب	ا	غ	ل	آ	د	ر	خ	ا	ح	و
ا	آ	إ	إ	ل	ح	ن	ل	ا	ا	ب	ق	ت	ي
ء	د	ص	غ	ك	ص	م	ا	ذ	ق	ن	ك	م	ح
غ	ح	ز	ة	ج	ل	ث	م	ف	ا	س	ه	ل	ب
ض	ا	ك	ي	م	ل	س	ج	ش	ل	م	ط	ر	غ
ج	آ	ب	ع	ل	م	ا	س	ك	ش	ا	س	ض	ك
ز	ن	و	ة	ا	ت	آ	ك	ل	ج	خ	خ	غ	ي
ك	ب	ت	ك	ذ	ب	ن	ق	ث	ر	ة	ظ	ل	ك

أوراق الشجر
حيوي
ضباب
جمال
مأوى
الحيوانات
استوائي
غابة
بري
صحراء

القطب الشمالي
الجبال
النحل
متحرك
تآكل
نهر
سلمي
مثلجة
ملاذ
هادئ

66 - Urlaub #2

ظ	ع	ح	ع	ح	ن	ن	خ	م	ج	م	ط	ع	م
ذ	ر	ط	ى	آ	ي	ت	ث	ط	ز	ت	د	م	ك
ئ	ى	ا	ل	غ	ئ	ي	ئ	ا	ي	ا	و	ن	م
ر	ص	ل	ج	ة	ه	ج	و	ر	ر	ك	ش	خ	خ
ا	ح	ج	و	ل	أ	خ	ت	ش	ة	س	ا	ر	ي
ط	ل	ب	ا	ح	آ	ج	إ	و	ط	ي	ط	ي	م
ق	ا	ا	ز	ر	ق	د	ن	ف	ر	ا	ئ	ط	ة
ذ	ل	ل	س	ئ	ش	ف	ف	ب	ر	ل	و	ة	ر
و	ن	ن	ف	ث	ة	و	ف	إ	ي	ت	ت	ي	ي
ز	ق	إ	ر	ب	ج	ة	إ	ل	ذ	ر	ع	ن	ش
ة	ل	ل	غ	ن	ف	د	ئ	ا	د	ف	ؤ	غ	أ
ج	ق	ر	ك	ا	ة	ي	ة	ؤ	م	ي	ي	خ	ت
ض	ي	ظ	ت	غ	ى	ا	ر	ذ	ث	ه	ق	ز	ج
ز	ئ	ل	ى	ى	ك	ت	إ	م	د	ح	س	ك	س

أجنبي
الجبال
تخييم
مطار
الترفيه
فندق
جزيرة
خريطة
بحر
جواز سفر

رحلة
مطعم
شاطئ
تاكسي
النقل
عطلة
تأشيرة
خيمة
وجهة
قطار

67 - Zirkus

ة	ئ	غ	ح	ظ	ل	ح	ؤ	ف	ب	ي	ش	ط	م
ئ	ج	ت	ا	ن	ا	و	ي	ح	ل	ا	ح	و	ب
و	ل	ط	و	ت	ت	ز	ة	م	ي	خ	ك	ش	ه
س	ل	ه	ذ	م	ح	ح	ر	م	ن	ب	ش	م	ل
ح	و	ض	ر	ع	م	و	س	ي	ق	ى	ز	ع	و
ر	ث	ظ	ر	د	ل	س	ا	ح	ر	د	ظ	ؤ	ا
ع	ى	ة	ف	ش	ا	ظ	ئ	ذ	د	إ	ع	ق	ن
ث	ن	ظ	غ	ع	ض	ب	ض	ط	س	ض	ج	ج	ئ
ا	ل	م	ش	ا	ه	د	ظ	ى	أ	ك	ت	ن	ش
إ	ح	ط	ي	ل	ي	ف	ل	ا	ل	س	ئ	ح	م
ب	ؤ	آ	آ	ع	ف	ج	ؤ	ذ	ا	ة	ح	ز	م
ج	ئ	ا	ع	ة	ر	ك	ذ	ت	ك	ت	ل	ك	ض
س	ى	و	ق	ه	ت	ي	ن	ي	ئ	ج	ل	ك	ئ
د	م	ا	م	آ	ز	ل	ة	ل	ي	ح	ف	و	غ

موكب
مذهل
الحيوانات
نمر
حيلة
ترفيه
ساحر
عرض
خيمة
المشاهد

قرد
بهلوان
مهرج
الفيل
تذكرة
المحتال
زي
أسد
سحر
موسيقى

68 - Barbecues

ض	ر	ح	ض	ث	ك	ط	ى	س	ا	ل	ف	ج	ق
ج	و	م	و	ئ	ط	ؤ	ت	ئ	ل	ي	ج	ت	ب
ئ	خ	ن	ظ	ط	م	س	ت	ب	أ	ق	ن	ر	د
غ	د	ا	ء	ى	س	ب	د	ن	ط	إ	ة	خ	ظ
ص	ص	ط	ا	ص	ى	ج	ل	ت	ف	ج	و	ع	خ
ة	ئ	ز	ش	ذ	ص	إ	ط	ى	ا	ة	ا	ي	ا
ي	ز	ت	ع	ز	ي	ل	ز	ب	ل	م	ز	ج	ت
ا	ل	س	ل	ط	ا	ت	ص	ف	خ	ل	ع	ز	د
خ	ف	ؤ	س	س	ق	ض	ئ	ة	ع	ح	ح	ا	ر
ذ	ل	ة	ه	ك	ا	ف	و	ر	أ	ل	ع	ا	ب
م	ف	ذ	ؤ	ا	د	م	ر	س	ا	ل	ش	و	ك
ص	ة	م	ي	ك	ب	ب	ض	أ	ؤ	ث	ص	ظ	ئ
ي	ي	ز	ة	ي	ا	و	ش	خ	ض	ر	و	ا	ت
ف	ض	خ	ث	ن	م	و	س	ي	ق	ى	ص	ذ	ض

طبخ
سكاكين
غداء
موسيقى
فلفل
السلطات
ملح
صيف
صلصة
ألعاب

عشاء
أسرة
فاكهة
الشوك
خضروات
شواية
حار
دجاج
جوع
الأطفال

69 - Küche

ج	ج	ف	ج	ؤ	و	غ	خ	ج	ش	ة	ئ	ت	ء
ف	ط	ح	ن	ص	م	ل	ق	ع	ا	ل	م	ل	ا
س	ئ	ط	ف	ى	ش	ا	آ	ك	ن	ص	ل	ر	ع
و	ؤ	ة	س	ك	ج	ي	ق	ف	ف	ر	ن	ك	و
ط	ذ	ف	إ	ظ	ر	ة	و	إ	ب	ر	ي	ق	ت
ع	ك	ر	ذ	ز	ظ	ظ	ا	ل	ش	و	ك	و	ن
ا	ة	غ	ئ	ج	ج	ج	إ	ر	ذ	ش	ا	ن	خ
م	ج	م	د	ظ	ة	أ	ك	و	ا	ب	ك	آ	ث
ي	ا	ب	ق	ض	ي	ك	ظ	و	ل	ت	س	ا	ط
ك	ل	ص	ر	س	ي	ش	و	ا	ي	ة	غ	ب	ظ
ض	ث	غ	ع	ؤ	ع	ح	ل	آ	د	ن	ؤ	ى	ز
ر	ى	ر	ة	ث	ع	ي	د	ا	ن	ع	ئ	خ	ع
ق	ر	ح	م	س	م	ذ	ض	ث	م	ق	ئ	و	ب
ئ	ة	ج	ج	ل	ر	آ	ك	ل	ي	ش	ل	إ	ر

سكاكين
فرن
وصفة
مئزر
وعاء
إسفنج
منديل
أكواب
غلاية

طعام
عيدان
الشوك
مجمد
توابل
شواية
مغرفة
إبريق
ثلاجة
الملاعق

70 - Schach

م	ل	ع	ت	ي	ل	ط	غ	د	ي	ج	د	ن	ظ
ب	خ	ص	ر	ك	ج	خ	ئ	ر	د	ح	ص	ظ	ط
ن	ل	ة	ل	خ	ت	ض	ك	خ	ك	ي	ا	ت	ض
ي	و	س	د	ب	ب	ص	س	آ	ة	و	د	و	ج
ل	آ	ق	إ	ب	د	ح	و	ي	م	ق	ذ	ذ	ا
ل	خ	ش	ع	ب	د	ج	ب	و	ص	ط	ز	ك	ض
م	ل	ر	ض	ك	ز	ظ	ض	ط	خ	ر	ئ	ى	ي
ج	ا	ق	ت	ج	أ	س	و	د	ل	ي	آ	ط	ب
ه	ل	ض	م	س	ص	إ	د	ع	ا	و	ق	ا	أ
و	و	ت	م	ل	إ	ج	ج	م	ا	س	ب	ق	ة
ل	ق	د	غ	ظ	ك	ل	م	ص	ل	ع	ن	ن	ي
ث	ت	ن	م	آ	ق	ة	س	ف	ا	ن	م	ل	ح
إ	س	ت	ر	ا	ت	ي	ج	ي	ة	خ	ز	ا	ض
ل	ع	ب	ه	ث	ص	ت	ل	ا	ع	ب	ش	ج	ت

بطل
قطري
الخصم
ذكي
ملك
ملكة
ليتعلم
تضحية
مبني للمجهول
النقاط

قواعد
أسود
لعبه
لاعب
إستراتيجية
مسابقة
أبيض
منافسة
الوقت

71 - Geographie

ا	ع	ع	ش	خ	ت	ط	آ	خ	ع	ج	ط	خ	ث
و	ر	ط	إ	ج	ز	ي	ر	ة	ق	ب	د	ط	ئ
ر	ح	ت	ك	ب	س	ح	ت	ر	ا	ل	ي	ا	آ
ن	ب	آ	ف	ا	س	م	س	ك	ر	ك	د	ل	ب
ه	ت	ظ	آ	ا	ط	ص	ص	د	ة	ي	غ	ط	إ
ر	ز	إ	ك	ص	ع	ى	ظ	ن	غ	ص	ر	و	خ
ت	ء	ا	و	ت	س	ا	ل	ا	ط	خ	ب	ل	ط
ب	ئ	ذ	ت	ى	ز	ل	م	ي	آ	ك	خ	ؤ	ا
ة	ب	ى	غ	ة	خ	ع	ق	د	ش	ن	غ	خ	ل
ئ	م	و	ص	ز	ر	ا	ؤ	ي	ي	م	ت	ب	ع
ا	ش	خ	ف	ز	ي	ل	ك	ر	إ	ن	ا	س	ر
إ	ذ	ذ	ن	ظ	ط	م	غ	ي	خ	إ	ة	ل	ض
ف	و	ع	ح	ف	ة	ي	ز	م	ظ	ش	آ	ط	م
ك	ج	إ	آ	ف	س	ة	ق	ط	ن	م	ح	أ	ض

أطلس
خط الاستواء
جبل
خط العرض
نهر
كرة
ارتفاع
جزيرة
خريطة
قارة

بلد
خط الطول
بحر
ميريديان
شمال
محيط
منطقة
مدينة
العالمية
غرب

72 - Zahlen

د	ا	ع	ص	ف	ر	ق	ؤ	خ	ص	آ	ث	س	ا
إ	ذ	ا	ث	ن	ا	ن	ص	م	ر	د	ل	ب	ث
خ	م	س	ة	ع	ش	ر	ح	س	ظ	م	ا	ع	ن
ث	ف	ب	ع	س	ل	إ	ع	ة	ع	ؤ	ث	ة	ا
ر	ض	ر	ش	ك	ب	ش	ت	ئ	ش	ت	ة	ع	ع
ش	ن	ة	ر	ي	ض	ع	ر	ي	ر	س	ض	ش	ش
ع	ر	س	و	ط	ك	و	ة	ض	ي	ع	غ	ر	ر
ة	ش	ت	ن	س	ت	ة	ع	ش	ر	ة	ر	س	ي
ي	ع	ر	ش	ع	ة	ع	ب	ر	أ	ع	ز	م	ظ
ن	ة	ت	ة	ت	أ	آ	ش	ح	خ	ش	ش	ث	و
ا	ث	ي	خ	س	س	ر	ظ	ئ	ل	ر	ي	ظ	خ
م	ا	ز	س	ع	ت	ا	ب	ت	ن	ج	ئ	ئ	إ
ث	ل	ص	م	ة	ة	ق	ق	ع	ر	ي	ز	ث	ز
ب	ث	ث	م	ا	ن	ي	ة	ا	ة	ع	ض	غ	ح

ثمانية
ثمانية عشر
عشري
ثلاثة
ثلاثة عشر
خمسة
خمسة عشر
تسعة
تسعة عشر
صفر

ستة
ستة عشر
سبعة
سبعة عشر
أربعة
أربعة عشر
عشرة
عشرون
اثنان
اثنا عشر

73 - Kunst Liefert

م	م	ح	ا	ة	ب	ف	إ	ح	ع	ا	د	ب	إ
ث	ظ	غ	ز	ض	أ	ؤ	ن	ى	ك	ل	ق	أ	ى
خ	ح	خ	إ	ظ	ش	ك	ل	ة	ض	ح	ب	ق	ط
م	ث	ا	ح	ب	ر	ا	ر	ي	م	ا	ك	ل	ل
ج	ش	غ	ث	ي	ف	ل	ن	ي	آ	م	ذ	ا	و
م	ؤ	ط	ي	ن	ة	أ	غ	س	ل	ل	ط	م	ر
ي	ا	س	س	غ	ح	ف	ث	ا	ض	ي	ر	ا	ق
ج	ج	ء	ر	و	ا	ك	د	ل	و	ى	ك	ل	ن
ط	ق	ح	ك	م	ب	ا	ش	أ	ة	آ	ت	ر	ف
ئ	ا	ح	ت	ف	ل	ر	ق	ل	ص	م	غ	ص	ط
ن	ق	و	ك	ح	ك	م	ق	و	م	ق	ر	ا	ظ
ذ	ر	آ	ل	م	غ	ب	ن	ا	ر	ب	ر	ص	ع
ش	ك	ص	ب	ة	ش	ة	ض	ن	خ	ا	ئ	ح	ي
ك	د	ح	ل	خ	ت	ث	ا	ص	ع	ش	ص	د	ي

أكريليك
أقلام الرصاص
فرش
الألوان
فحم
الأفكار
كاميرا
إبداع
صمغ

نفط
ورق
ممحاة
الحامل
كرسي
طاولة
حبر
طين
ماء

74 - Tage und Monate

س	د	ف	إ	ى	ذ	ش	م	ق	ب	غ	غ	إ	و
ع	و	ب	س	أ	ي	ظ	ق	س	ق	ث	ئ	د	ف
ث	ي	ح	ج	س	د	ح	أ	ل	ا	ن	ؤ	ي	ز
ي	ن	ا	ي	ر	ظ	ذ	ق	ك	ت	ع	ب	س	ت
ة	و	ف	ر	ة	د	ع	د	ة	ت	د	ج	م	ت
ا	ي	ج	س	ط	س	غ	أ	م	ق	و	ة	ب	و
ل	ت	ش	ي	ن	ث	ي	و	آ	ء	و	ب	ر	ش
أ	ي	س	م	ت	ة	ف	ب	ر	ا	ي	ر	ر	ه
ر	ئ	م	خ	ق	ع	آ	س	ب	ث	ل	ب	ؤ	ر
ب	ف	ك	ل	و	م	ر	ش	م	ا	و	م	ا	ف
ع	ط	ط	ا	ي	ج	ذ	ر	ت	ل	ي	ف	خ	ؤ
ا	ي	ض	ى	م	ل	ح	ل	ب	ث	ب	و	ث	ف
ء	ت	ف	ا	ج	ا	ت	ب	س	ل	ا	ن	ر	د
ا	ل	ا	ث	ن	ي	ن	غ	ط	ا	ظ	ظ	م	ة

أغسطس
ديسمبر
الثلاثاء
الخميس
فبراير
الجمعة
سنة
يناير
يوليو
يونيو

تقويم
الأربعاء
شهر
الاثنين
نوفمبر
أكتوبر
السبت
سبتمبر
الأحد
أسبوع

75 - Zu Füllen

م	غ	ذ	ذ	ئ	ق	خ	ؤ	د	غ	غ	ع	د	و
ب	ح	و	ن	ى	ز	ج	ح	س	س	ؤ	ض	ر	س
ر	ف	ة	ن	ل	ة	إ	ش	س	ح	ء	ا	ع	و
م	ث	ب	س	ز	ع	أ	ن	ب	و	ب	ؤ	ش	ق
ي	ع	ك	م	ج	ل	د	ظ	ح	ة	ي	ز	ف	ى
ل	ح	إ	غ	ظ	ب	ق	ة	ض	ش	ج	ص	ل	س
ز	و	ا	و	ص	ة	ط	ش	غ	ا	ب	ي	غ	ح
ه	ض	ل	ة	ي	ن	ي	ص	ج	ث	ح	و	م	ق
ر	د	د	ع	ا	و	ح	ة	م	ة	غ	ص	خ	ي
ي	ج	ر	ة	و	ت	ة	م	ئ	س	إ	ى	س	ب
ة	ي	ج	ف	ي	ر	د	ز	ث	ؤ	ط	ط	ل	ة
ي	ت	ر	م	ت	ك	د	ح	ط	ج	ل	ص	ة	س
خ	ى	ق	ا	ؤ	غ	ف	إ	ض	د	خ	ؤ	ة	ف
ح	ى	ى	ك	ت	ي	ب	ل	إ	ع	آ	ع	خ	ر

حوض
علبة
دلو
برميل
زجاجة
كرتون
قفص
حقيبة سفر
سلة
جرة
مجلد
حزمة
أنبوب
وعاء
الدرج
صينية
جيب
مغلف
زهرية

76 - Das Unternehmen

آ	س	ج	ة	ش	ب	ج	ة	ش	د	ع	ذ	ش	م
ث	ر	و	ج	أ	ل	ا	د	م	ا	ق	ا	ل	خ
ا	ز	ق	ة	ع	م	د	ق	ت	ف	ث	ل	ل	غ
إ	س	ص	ن	ا	ع	ة	ع	م	س	م	و	ا	و
د	م	ت	ت	و	ظ	ي	ف	س	غ	ت	ح	ل	د
ب	ر	ك	ث	ا	ل	م	خ	ا	ط	ر	د	م	و
ؤ	ح	ؤ	ا	م	آ	ق	ض	ن	و	ث	ا	و	ص
ي	ص	ص	ؤ	ن	ا	ف	ر	ت	ح	م	ت	ا	ئ
ر	و	ت	م	م	ي	ر	ع	ا	ى	ق	ي	ر	ض
ف	ح	ح	ش	ت	ك	ة	ذ	د	ر	ص	ل	د	د
ا	ل	م	ن	ت	ج	ث	ي	ا	و	ض	ز	ف	ر
آ	ج	ض	و	ظ	ز	ص	ظ	ر	ك	ت	ب	م	ا
ض	ج	و	د	ة	ع	ظ	م	ي	م	ل	ا	ع	ب
ى	ص	آ	ا	د	ة	آ	ك	إ	ل	غ	ئ	ط	آ

توظيف
الوحدات
إيرادات
قرار
تقدم
عمل
عالمي
صناعة
مبتكر
استثمار

خلاق
الأجور
إمكانية
عرض
المنتج
محترف
جودة
الموارد
المخاطر
سمعة

77 - Kräuterkunde

ش	و	ق	د	ر	م	و	ث	ظ	ق	ر	ل	ة	ن
ب	ا	ق	ج	ن	ق	ن	ع	ر	ف	أ	ؤ	ج	ك
ت	ة	ل	ح	ث	ش	ث	ش	ا	ة	ة	خ	ل	ه
ل	ر	ت	ط	ز	ط	ط	ن	ا	ح	ي	ر	ض	ة
ي	ص	ذ	ة	ر	م	ش	ل	ا	د	إ	ص	ت	ر
ك	ن	م	ة	د	خ	ق	ض	آ	ي	ع	ف	س	ت
ز	ع	ف	ر	ا	ن	و	ا	ى	ق	ي	ر	ط	ع
إ	ل	ش	ه	ا	ص	خ	ن	ل	ة	د	و	ج	ز
ع	ا	ب	ز	ي	ع	ن	ؤ	ذ	ط	ذ	ن	خ	ل
إ	ك	ل	ي	ل	ا	ل	ج	ب	ل	ه	ف	ز	د
إ	ل	ؤ	ؤ	ص	ض	غ	ي	ر	ض	ق	ي	ا	ي
ظ	د	ؤ	ت	ة	ر	ف	ش	ؤ	آ	ع	ب	م	ع
ب	ق	د	و	ن	س	م	ف	ي	د	ر	ص	ى	ح
ئ	د	ص	ط	ب	د	و	ى	غ	ي	د	خ	ر	ز

عطري
ريحان
زهرة
شبت
الطرخون
الشمرة
حديقة
نكهة
أخضر
ثوم

الطهي
خزامى
مردقوش
بقدونس
جودة
إكليل الجبل
زعفران
زعتر
مفيد
العنصر

78 - Aktivitäten und Freizeit

ب	ف	ت	ث	ب	م	و	ش	ت	ن	ش	س	ا	ئ
ي	س	ث	ق	و	س	ت	ل	ا	ص	و	غ	ل	ا
س	ت	د	م	ة	ؤ	ت	ر	ا	آ	ف	ل	و	ج
ب	ن	م	ط	ل	ك	ز	ن	ش	س	ث	ح	ص	ض
و	س	ؤ	ى	س	ا	ي	ي	ة	ح	و	ل	ل	ا
ل	آ	م	و	ل	ض	ك	م	س	ل	ا	د	ي	ص
س	ؤ	س	ب	ا	ح	ة	م	ا	ل	س	ف	ر	آ
ئ	ط	ر	ة	ة	ا	ز	ز	ة	إ	ف	ص	ف	ئ
آ	ن	ح	د	ر	ت	خ	ي	ي	م	ح	ى	ن	ن
ط	ل	ق	ي	ك	ا	ل	ا	س	ت	ر	خ	ا	ء
ي	ا	ل	ه	و	ا	ي	ا	ت	س	ي	ش	ل	ظ
ك	ر	ة	ا	ل	ق	د	م	ذ	ب	ف	خ	ة	ل
ب	ط	م	ط	ج	ظ	ي	ؤ	ز	ا	ظ	خ	ص	ش
ش	خ	ث	س	ظ	و	ث	ق	د	ق	ك	ك	إ	ي

جولف
الهوايات
فن
السفر
سباق
سباحة
تصفح
الغوص
تنس

صيد السمك
بيسبول
كرة السلة
ملاكمة
تخييم
التسوق
الاسترخاء
كرة القدم
بستنة
اللوحة

79 - Formen

م	ن	ح	ن	ى	ع	ا	م	ى	ر	ا	ع	ي	آ
ر	ك	م	ض	ل	ع	س	ذ	ر	ة	ت	ط	ز	ى
ه	ر	ة	ح	ي	ن	ط	ك	خ	م	ز	ن	ص	د
د	ز	ظ	ص	ط	ؤ	و	ج	ح	س	ى	ر	ص	ى
ئ	ا	ص	م	ت	م	ا	آ	و	ت	ل	ث	ؤ	ط
ا	ح	ئ	ي	س	ث	ن	إ	ا	د	ف	ى	ر	ل
ز	ن	ة	ر	م	ل	ة	م	ف	ي	ي	آ	إ	ج
ل	ا	ك	ذ	ة	ث	ك	ط	ي	ر	ت	ر	ز	ب
ا	ؤ	ن	خ	م	خ	ر	و	ط	خ	ق	و	س	ن
ع	ب	ر	م	و	ن	ش	ل	م	س	م	ق	ؤ	ا
ط	ش	و	ط	خ	س	ض	ع	ق	ك	خ	س	ذ	ج
ق	خ	ش	ق	س	ف	ر	غ	خ	ؤ	ع	ئ	ب	ل
ل	آ	و	آ	آ	ت	ي	و	ا	ض	ي	ب	ل	ا
ا	ف	م	ؤ	م	غ	ى	ب	إ	ج	ج	ك	ظ	ن

قوس
مثلث
ركن
القطع الزائد
حواف
مخروط
دائرة
منحنى
خط
البيضاوي

مضلع
موشور
هرم
مربع
مستطيل
مستدير
الجانب
مكعب
اسطوانة

80 - Musik

ا	ن	س	ج	ا	م	ظ	ب	ش	ج	ة	ذ	م	ث
ي	ب	ى	ز	ب	ظ	و	ا	إ	ؤ	ذ	ب	ي	غ
أ	غ	ن	ي	ة	ق	و	ج	س	ى	ب	ة	ك	د
ج	ش	غ	ذ	ك	غ	ن	ا	ئ	ي	ة	ة	ر	ذ
ط	ذ	خ	ن	ف	ي	ذ	خ	م	ة	ا	ط	و	ا
م	و	س	ي	ق	ي	س	ص	و	ي	د	ش	ف	ف
ل	خ	د	إ	د	ا	ع	ا	ب	إ	أ	ج	و	ظ
أ	و	ب	ر	ا	م	غ	ف	ل	آ	ب	ن	ن	ب
ع	ن	ي	ق	د	د	ص	م	أ	ك	ظ	ح	ي	ف
ا	ل	م	غ	ن	ي	ئ	ي	ت	ل	غ	س	س	م
ق	ف	آ	إ	ي	ق	ا	ع	ي	ن	ح	ل	ح	ف
ي	ل	ش	ا	ع	ر	ي	م	ط	ل	ا	ن	ت	ع
إ	م	ي	ا	ت	س	ج	ي	ل	ز	ذ	س	ة	د
ا	ل	إ	ي	ق	ا	ع	م	ش	ط	د	ص	ق	ى

ألبوم
تسجيل
أغنية
جوقة
انسجام
متناسق
تحسين
أداة
كلاسيكي
غنائية

لحن
ميكروفون
موسيقي
أوبرا
شاعري
إيقاعي
إيقاع
المغني
غنى
الإيقاع

81 - Antiquitäten

ل	و	ح	ا	ت	ي	ر	ؤ	ج	ق	ا	ش	ق	ك
ق	ت	خ	إ	إ	ز	غ	ع	ا	ى	ل	ة	ئ	د
ب	ل	ا	إ	ق	ط	ر	ش	ذ	ط	ن	ي	ت	د
ى	ش	آ	ر	ا	م	ث	ت	س	ا	ح	ن	ض	س
ب	ى	ا	آ	ه	ن	ض	ى	ط	غ	ت	د	ر	د
خ	ق	ر	ن	ا	و	أ	ن	ي	ق	ص	ع	ؤ	ي
ج	ش	ظ	ج	ف	ز	ج	ا	ل	ق	ي	م	ة	ك
خ	و	ج	ن	ن	و	ث	م	ن	غ	ل	ت	و	و
خ	ز	د	ى	ش	ب	ا	ي	ف	ي	ص	ا	ع	ر
ص	د	ص	ة	ف	س	ث	د	ص	ر	أ	ل	ح	ف
ب	ة	ي	ن	ة	م	أ	ق	ذ	ع	ي	م	خ	ض
ى	آ	ش	م	ذ	ح	ع	ج	ظ	ا	م	ع	ض	ض
إ	ث	ث	ى	ث	ت	ر	ر	ث	د	ط	آ	غ	ة
ت	ح	ج	ة	ط	م	و	آ	ض	ي	ج	ق	ض	ص

أثاث
عملات معدنية
ثمن
جودة
مجوهرات
النحت
نمط
غير عادي
القيمة
شرط

قديم
أصلي
ديكور
أنيق
متحمس
معرض
لوحات
استثمار
قرن
فن

82 - Adjektive #2

ل	م	ث	ا	ى	ب	ط	ل	م	ف	خ	و	ر	ش
ي	ك	س	ن	ج	ض	ب	ص	ز	ق	ئ	ت	و	و
ك	ة	ي	ؤ	ع	آ	ي	ل	د	ط	ق	ث	ه	ذ
م	غ	ع	س	و	ط	ع	ك	ق	ظ	ئ	ؤ	ش	ت
أ	ن	ي	ق	ق	ل	ي	أ	م	ش	و	ق	م	خ
ظ	ج	ل	ع	ف	و	إ	ل	ر	ص	م	ح	ز	ل
ع	ز	ص	ى	ذ	إ	ي	ل	ج	ح	ل	ا	م	ا
ص	ا	أ	غ	ز	د	ج	ح	ط	ي	ف	ت	ا	ق
س	ط	د	د	إ	ر	ا	ل	ج	ا	ئ	ع	ل	ز
آ	ث	د	ي	ك	ي	ت	ا	م	ا	ر	د	ج	ي
ئ	ش	ر	ف	ب	غ	ن	ص	آ	ن	ئ	آ	د	ل
ف	خ	ج	ص	ر	ت	إ	ض	ق	ا	ض	ك	ي	ز
ظ	م	و	و	ي	ف	ة	ب	ف	و	ى	خ	د	ش
آ	ك	ذ	ت	ك	آ	ق	م	ئ	ص	إ	ف	ت	ث

أصلي
مشهور
وصفي
دراماتيكي
أنيق
صالح للأكل
طازج
صحي
جائع
مشوق

خلاق
طبيعي
الجديد
عادي
إنتاجي
مالح
قوي
فخور
مسؤول
بري

83 - Kleidung

ل	ص	ة	ئ	ة	ؤ	ذ	ت	ق	ب	ع	ة	ج	ك
ب	ث	ط	ت	ت	ث	ى	ن	ا	ت	س	ف	ت	ر
ا	ي	و	ك	ى	خ	ل	و	إ	م	ن	ج	ي	س
س	ي	ل	ص	غ	إ	ث	ر	ا	و	س	غ	ت	س
ن	ت	ا	ز	ا	ف	ق	ة	ر	ت	س	ل	ا	آ
و	م	و	ض	ة	خ	ط	ق	م	ي	ص	ح	ر	ى
م	ا	ر	ئ	ذ	ؤ	ق	ع	ق	ب	ب	ذ	ه	ز
خ	ز	س	ب	ل	و	ز	ة	م	ل	خ	ا	و	م
ذ	ح	ج	ي	ن	ز	م	ئ	ز	ر	ا	ء	ج	ح
ك	خ	ا	إ	ك	د	ت	ج	ك	ة	ط	د	م	ب
م	ح	ر	ش	ص	ي	ف	ت	د	ي	ي	م	ة	ظ
ذ	خ	ئ	ج	و	ل	آ	ث	ك	آ	ج	ث	إ	ك
س	ت	ر	ة	ى	ل	م	ح	ز	و	ر	و	ي	ب
ا	م	خ	ش	ظ	ش	ئ	ب	ت	ل	ز	خ	ر	ج

سوار
بلوزة
حزام
قلادة
قفازات
قميص
سروال
قبعة
السترة
جينز

فستان
معطف
موضة
سترة
تنورة
وشاح
لباس نوم
مجوهرات
حذاء
مئزر

84 - Farben

ح	ت	آ	د	ب	ئ	ق	ب	م	ش	ز	آ	ح	ل
إ	د	ب	د	ش	ن	ى	ة	ن	ي	آ	ب	ي	ج
ل	ق	ر	د	ذ	ت	ي	غ	ي	ف	ر	ر	ع	ض
ت	ض	ت	ي	ث	ظ	غ	د	د	ت	س	آ	ى	ل
د	آ	ق	ش	ع	ت	ب	ر	ا	ك	ق	ج	ت	ت
ع	ذ	ا	أ	ح	آ	ن	ل	م	ك	إ	و	ي	ح
ق	ش	ل	ز	ن	ض	ي	د	ر	و	ن	د	ق	ث
س	ر	ي	ر	ط	ط	ل	ب	و	ذ	إ	ن	و	ظ
د	ف	م	ق	ر	ر	ي	ظ	ز	ة	ذ	ت	ى	م
ق	ص	ف	ز	ح	س	ن	ز	أ	أ	خ	ض	ر	س
آ	أ	ن	إ	ي	أ	س	و	د	ة	إ	ي	م	ف
ة	ف	و	ش	ي	ا	د	ة	ج	و	ز	ب	ح	ص
أ	ر	ج	و	ا	ن	ي	ث	ر	م	ع	أ	أ	ت
ا	ز	ر	ق	س	م	ا	و	ي	د	د	آ	ع	ذ

أزور
بيج
أزرق
بني
فوشيا
أصفر
رمادي
أخضر
نيلي
أرجواني
برتقالي
قرمزي
وردي
أحمر
أسود
بني داكن
بنفسج
أبيض
ازرق سماوي

85 - Haus

خ	ث	ة	ظ	ع	ق	ف	س	آ	ج	ص	ع	ة	ر
ؤ	ة	ث	ر	م	ؤ	ح	ي	ت	ا	ف	م	آ	ظ
و	ظ	م	ط	ب	خ	ئ	ب	ب	ر	ق	ك	د	و
م	م	ر	آ	ة	ف	ع	ك	ة	ك	س	ت	إ	ذ
غ	د	ح	د	ي	ق	ة	ل	آ	ؤ	ق	ب	ح	خ
ع	ر	خ	ة	ض	ك	ق	ن	ب	ث	ض	ة	ا	م
ي	ي	ف	ن	و	ظ	ب	ذ	ث	ه	ؤ	ع	ئ	ص
ط	س	ن	ة	ة	أ	ث	ا	ث	ب	ا	ب	ط	ب
م	ي	ا	س	ن	س	إ	ض	غ	ل	ى	آ	ة	ا
د	ا	ف	ن	ي	و	ق	ث	ر	و	ض	ق	ى	ح
ف	ج	ذ	ك	ي	غ	م	ؤ	ف	ب	آ	ص	س	و
أ	ا	ة	م	ض	د	ش	ق	ة	ر	ؤ	ئ	غ	ذ
ة	ؤ	ط	م	ث	ل	د	ف	ز	و	إ	ظ	ي	ب
ى	م	ح	ذ	غ	غ	إ	آ	ز	ض	ط	ب	ض	ث

مكنسة	مصباح
مكتبة	أثاث
سقف	غرفة نوم
علبه	مفاتيح
دش	مدخنة
نافذة	مرآة
كراج	باب
حديقة	حائط
مدفأة	سياج
مطبخ	غرفة

86 - Bauernhof #1

ئ	ع	ي	ب	ذ	ي	ى	ن	ا	ش	ئ	ب	آ	ت
ؤ	د	إ	إ	د	ص	ص	غ	ف	ح	س	ؤ	ث	ر
آ	ا	ء	د	ا	ط	ق	د	ي	ب	ة	ى	ت	ظ
د	ج	ا	ج	ب	ق	ر	ة	ع	ا	ر	ز	ا	ب
ا	ى	م	ا	س	ح	ق	ل	ت	ص	ى	ر	ث	ح
م	ل	ذ	ع	د	ي	ف	ي	ي	ا	ف	أ	ض	ط
س	آ	أ	ع	ج	ل	ا	ن	ح	ل	ة	ح	ب	ا
ح	ى	ع	ر	ا	م	ح	ج	و	ي	غ	ر	ا	ب
س	ص	آ	ي	ض	م	ا	ع	ز	ض	إ	خ	ذ	ع
ح	ث	ا	غ	م	ي	ا	ث	ع	س	ل	ن	ى	ش
ك	ل	ب	ن	خ	ك	ن	ؤ	ي	ز	ط	ز	ل	ئ
ظ	ي	ك	ب	س	س	ى	ك	د	م	د	ي	ظ	ت
إ	ة	غ	ت	ج	ث	ر	ق	ش	و	ن	ر	ط	ح
ع	إ	ص	ك	ض	ى	ز	ث	ظ	ط	ش	ب	ش	ض

نحلة
سماد
حمار
حقل
تبن
عسل
دجاج
كلب
عجل
قط

غراب
بقرة
الأرض
زراعة
حصان
أرز
خنزير
ماء
سياج
ماعز

87 - Regierung

خ	ج	ئ	ي	ص	ن	م	ن	ي	ن	ع	ة	ة	خ
ك	ط	ع	ئ	خ	ن	ن	ك	ن	ق	ا	ش	ش	ج
ث	ظ	ا	د	ب	ص	ط	غ	ن	و	ك	ج	ن	ؤ
ا	ج	ي	ب	ا	ب	ق	ق	ئ	ق	س	ق	ش	ئ
ق	ا	ن	و	ن	ل	ة	م	أ	ح	خ	ث	ة	ؤ
ز	و	د	ت	ة	ز	ة	ا	س	ت	ق	ل	ا	ل
د	ي	م	ق	ر	ا	ط	ي	ة	ل	ا	ح	و	ج
ز	م	ر	ي	آ	ق	ا	خ	ي	خ	ا	آ	ا	ل
غ	ع	ق	ش	ة	ج	غ	ج	ر	ى	ي	ط	س	ل
خ	ض	ي	د	س	ت	و	ر	ح	ط	ئ	س	م	ن
ن	ج	م	م	ا	م	د	خ	ذ	ى	ق	ف	ل	ل
ذ	ة	ل	ئ	ي	إ	ك	ل	ؤ	ي	ئ	و	ا	ج
ص	خ	س	ا	س	ز	ص	ن	ف	ط	ض	ا	ي	إ
ا	خ	د	و	ط	ن	ي	ض	س	ت	إ	ص	ة	ق

منطقة
ديمقراطية
نصب
نقاش
حرية
سلمي
زعيم
عدالة
قانون
المساواة

أمة
وطني
سياسة
حقوق
خطاب
حالة
رمز
استقلال
دستور
مدني

88 - Berufe #1

ف	ر	ف	ل	ك	ي	ر	ش	خ	ئ	ظ	ق	ر	ذ
ت	ظ	س	د	ؤ	ض	ح	ل	ي	ض	ق	ز	س	ط
ع	و	ن	ا	ي	ب	ل	ا	ف	ز	ا	ع	ط	س
ت	ث	س	ي	م	ج	ي	و	ل	و	ج	ي	ب	ف
د	ق	ف	ص	ا	خ	ص	ؤ	ق	و	ج	غ	ي	ي
ج	ك	ن	ا	ج	ك	ر	ذ	و	د	ت	خ	ب	ر
ر	ز	ل	ي	ك	ي	ن	ا	ك	ي	م	ي	م	ك
م	ح	ا	س	ب	ى	ظ	غ	ئ	ا	ص	ا	د	ج
غ	ث	م	م	ة	ق	ظ	ن	ر	ط	ؤ	ط	ر	ي
ج	م	ل	ي	م	ج	ل	ك	ا	ب	س	ث	ب	آ
ع	ح	ع	د	خ	ر	ط	خ	ق	ن	ؤ	ز	د	ل
م	ح	ا	م	ي	و	ض	ب	ص	ن	ف	آ	ي	ظ
ف	س	ك	ر	ذ	ى	ؤ	ز	ة	ث	ظ	س	ؤ	ض
س	ط	ب	ي	ب	ب	ي	ط	ر	ي	ف	ر	ص	م

طبيب
فلكي
مصرفي
سفير
محاسب
جيولوجي
صياد
صائغ
رسام خرائط
سباك

ممرض
فنان
ميكانيكي
عازف البيانو
علم النفس
محامي
خياط
راقصة
طبيب بيطري
مدرب

89 - Adjektive #1

و	ب	ء	ض	ث	ر	ح	م	ذ	ظ	ب	غ	ح	ق
ر	ق	ي	ق	ئ	ح	ف	ة	د	ق	ذ	ط	ق	س
م	ؤ	ر	ى	ب	ى	ب	ش	ج	ظ	ن	ش	ط	ع
و	ح	ب	ع	ؤ	ط	و	ذ	د	ؤ	ط	ب	ل	ي
م	ط	ل	ق	ك	ز	ف	ح	د	ي	ث	ط	ج	د
ى	ز	ا	ت	ب	ا	و	ش	ك	ن	آ	ي	ذ	ن
ؤ	ي	م	ح	ا	ث	م	ؤ	ح	ف	ة	ء	ا	ج
ي	غ	ش	ى	ض	إ	م	ل	م	و	ث	ن	ب	م
ب	ع	و	ذ	خ	آ	ت	ؤ	ي	ئ	ص	ق	آ	ه
ن	خ	ط	آ	ة	ع	ط	ح	ع	ق	د	ا	ص	م
ض	خ	م	ر	ئ	ع	ا	آ	و	ي	ث	د	د	ة
ج	م	ي	ل	ي	ش	ب	ب	آ	م	ز	ف	و	ق
ق	ج	آ	ص	ت	ص	ق	ش	ر	ع	ز	ط	ح	إ
د	ا	ك	ن	غ	ج	ة	م	ي	ق	و	ذ	ش	ئ

مطلق
نشط
عطري
جذاب
داكن
رقيق
صادق
سعيد
متطابقة
فني

بطيء
حديث
كامل
ضخم
جميل
ثقيل
عميق
البريء
ذو قيمة
مهم

90 - Geometrie

ح	ظ	ر	خ	ث	ن	ر	ظ	ؤ	ح	ي	ن	ة	غ
ؤ	س	ا	ر	ت	ف	ا	ع	ق	آ	ي	غ	ص	ا
ط	س	ا	ذ	ز	ؤ	ج	س	ص	آ	س	ع	ط	ت
ت	س	ى	ب	ص	د	ث	ت	د	ل	ب	ز	ج	ش
م	ن	ح	ن	ى	س	ة	ر	ئ	ا	د	ة	أ	ز
ق	ع	ذ	ظ	ص	ف	ع	ظ	ا	ر	ب	إ	ف	ن
ر	ف	ظ	ص	م	ث	ط	ا	ة	ض	و	ظ	ق	س
ط	ك	ف	م	ث	ص	ق	ن	ل	ن	س	ج	ي	ض
ق	ل	ة	ع	ل	ذ	إ	ت	ت	ب	ظ	ك	ع	ذ
م	ض	خ	ا	ث	ق	ج	و	ك	غ	ع	ر	ث	ا
ط	ق	ر	د	م	و	ا	ز	ك	د	ب	د	ي	ك
س	ط	ح	ل	م	ن	س	ئ	ب	ؤ	ر	ع	ى	ة
ل	ن	ث	ة	ي	و	ا	ز	ش	ا	م	ش	ت	غ
ف	م	د	ش	ر	م	ا	ن	ف	ن	س	ب	ة	ق

منطق
كتلة
رقم
سطح
مواز
مربع
قطعة
تناظر
نظرية
زاوية

نسبة
حساب
البعد
مثلث
قطر
معادلة
أفقي
ارتفاع
دائرة
منحنى

91 - Jazz

إ	ك	ت	ج	ظ	ا	ب	ى	أ	ض	ط	م	ن	ا
آ	ي	ى	ص	ق	و	ؤ	ك	و	ح	ت	ش	ا	ل
غ	ل	ق	ف	ف	خ	ؤ	ة	ر	ف	ق	ه	ن	م
ج	م	ي	ا	ب	ي	ز	ل	ك	ل	ن	و	ف	و
ق	ا	س	ف	ع	ح	ق	ض	س	ة	ي	ر	آ	س
ظ	ث	و	ة	ئ	ا	ع	ف	ت	م	ة	ف	ئ	ي
ى	ا	م	أ	ل	ب	و	م	ر	و	ي	آ	ر	ق
ب	خ	ف	ق	ث	ق	ن	ل	ا	س	ؤ	د	ض	ي
ه	غ	د	ي	د	ج	ل	ا	د	ي	ث	ئ	ق	و
ا	ل	ا	ر	ت	ج	ا	ل	ر	ق	ط	ذ	و	ن
و	ظ	ت	س	ض	ش	ط	و	ف	ي	ة	ئ	و	ا
م	ش	ل	غ	ب	س	ذ	غ	ن	ة	ي	ن	غ	أ
ل	م	ح	ذ	و	ص	ث	ئ	م	ث	ب	م	ب	س
ا	ي	ؤ	ش	ى	ث	آ	ؤ	م	ل	ح	ن	ظ	آ

أغنية
موسيقى
الموسيقيون
الجديد
أوركسترا
إيقاع
منفردا
نمط
المواهب
تقنية
ألبوم
قديم
تصفيق
مشهور
المفضلة
النوع
الارتجال
ملحن
حفلة موسيقية
فنان

92 - Mathematatik

ج	م	ا	ل	ص	و	ت	ز	ا	و	م	ك	ز	م
ث	س	أ	ب	ر	ف	و	ز	ي	ع	غ	ض	ى	ف
ط	ت	ا	ج	ر	د	ؤ	ب	ا	ر	ذ	و	ل	ح
ئ	ط	ي	ح	م	ن	س	ء	و	ط	ا	ن	ح	ع
ث	ي	ر	ش	ع	ر	ع	ي	ز	ق	ل	ى	س	و
خ	ل	د	ؤ	د	ئ	ح	ى	ت	ج	أ	ي	ا	م
ف	ؤ	ث	ع	م	و	د	ي	خ	ت	ر	ؤ	ب	ج
ط	غ	ة	م	م	ع	ا	د	ل	ة	ق	د	ي	م
ا	ل	آ	ب	ض	ى	س	ذ	ط	ث	ا	م	ث	ط
م	ز	ق	م	خ	ث	ح	ص	ب	م	م	ب	ح	ع
م	ر	ب	ع	ع	ض	ج	ى	ح	ذ	ا	ى	ح	و
ي	ض	إ	د	م	ه	ن	د	س	ة	ب	ظ	ل	ى
د	ج	إ	ض	ر	ق	ط	ر	ظ	ا	ن	ت	ظ	س
ؤ	ت	ئ	د	ط	ر	م	ل	ص	و	ا	ط	د	د

مضلع
مربع
مستطيل
عمودي
مجموع
تناظر
محيط
الصوت
زوايا
الأرقام

حساب
جزء
عشري
مثلث
قطر
أس
هندسة
معادلة
درجات
مواز

93 - Messungen

م	آ	ث	ك	ؤ	غ	خ	ض	ؤ	ل	ر	ا	ز	ا
ن	ئ	ئ	ي	د	ر	ج	ة	ل	ت	ك	ر	ث	ك
و	ك	ي	ل	ق	و	ة	ئ	ئ	ض	ة	ت	ث	ط
س	ل	ك	و	م	ا	ر	غ	ي	ت	ذ	ف	ض	ح
ن	ص	خ	م	ؤ	ح	ن	ص	ؤ	ث	ج	ا	ئ	ش
ت	س	ح	ت	ش	ب	ض	ي	م	إ	ظ	ع	ز	خ
ي	ن	ط	ر	ا	آ	ص	ش	و	و	ق	غ	ذ	ك
م	ز	ف	ي	ل	ط	خ	ل	ة	أ	و	ق	ي	ة
ت	و	ت	ر	ر	ف	ت	و	ص	ل	ا	ل	غ	ص
ر	د	ث	ش	ر	ة	ج	ط	و	ص	و	ض	ؤ	ن
ق	ذ	ف	ع	م	ق	ن	ل	ب	غ	آ	ر	ت	ل
ل	ش	ف	ؤ	ي	ي	خ	ا	ر	ف	ت	ع	ع	و
ي	ؤ	ظ	ت	ا	ق	ة	ا	ق	م	ع	ق	خ	خ
ر	و	ص	ي	إ	د	م	ت	و	ة	ش	ي	ث	و

عرض
بايت
عشري
وزن
درجة
غرام
ارتفاع
كيلوغرام
كيلومتر
الطول

لتر
كتلة
متر
دقيقة
عمق
طن
أوقية
الصوت
سنتيمتر
بوصة

94 - Boxen

ح	ت	ث	ق	ئ	ل	ب	ض	ط	ا	ق	ن	ل	ا
ط	ك	إ	و	ف	ف	ى	ج	ج	ض	خ	ج	ص	ل
ل	م	م	ة	ص	ى	ر	ز	ر	ؤ	ذ	ث	ج	ح
ظ	ة	ز	ض	ع	و	ا	ث	س	ك	م	ة	ص	ب
و	ذ	ر	و	ر	ص	ل	ج	ب	ن	ب	ل	آ	ا
خ	ز	ك	ك	ع	ت	ت	ك	ع	ة	ا	ص	ش	ل
ح	ش	ل	ش	و	ق	ر	آ	ب	م	ي	ر	ة	د
ص	س	ة	ق	س	ع	ك	و	م	و	ف	ض	ى	ز
ذ	ز	ي	ص	ت	ئ	ي	ن	ق	ذ	ا	ئ	ح	ج
ئ	ن	ا	ي	د	ا	ز	ك	ا	ذ	ع	ر	ف	ج
ة	آ	د	ط	ر	ة	ز	ر	ت	آ	ت	ض	س	و
ق	ب	ض	ة	ث	ا	س	ا	ل	ا	ل	خ	ص	م
ض	ج	ة	م	ه	ا	ر	ة	ف	ؤ	ا	غ	ؤ	ت
ة	ف	غ	ة	ظ	س	م	ر	ه	ق	س	ر	ي	ع

ركلة
ذقن
جثة
النقاط
التعافي
حكم
سريع
الحبال
قوة

ركن
كوع
مرهق
قبضة
مهارة
التركيز
الخصم
جرس
قفازات
مقاتل

95 - Psychologie

ش	م	ى	ظ	أ	ض	ل	ر	ش	ن	خ	ظ	ا	خ
د	ع	و	م	ح	ل	غ	ل	ر	ز	ص	و	ل	و
ج	ر	ف	ف	ل	ك	ؤ	ظ	ج	ا	ل	ع	أ	ا
ى	ف	ن	م	ا	ئ	ط	ز	ت	ع	ئ	ذ	ف	ق
إ	ة	ن	ا	م	ا	ل	إ	د	ر	ا	ك	ك	ع
م	ر	ح	ل	ة	ا	ل	ط	ف	و	ل	ة	ا	ع
ت	ا	ي	ر	ك	ذ	م	ل	ر	ن	م	ب	ر	إ
ع	أ	خ	ا	ل	ي	إ	ر	آ	ظ	ش	ن	ض	ح
ص	ة	ث	ظ	ؤ	ب	ز	ت	ض	ى	ك	ظ	و	س
ب	ز	ؤ	ي	ن	ت	ر	ر	و	ي	ل	و	ز	ا
ث	ط	ف	ج	ر	ا	ك	ف	أ	غ	ة	ئ	ل	س
ح	ي	ع	و	ل	ا	د	ق	ا	ف	ئ	ب	ؤ	س
ا	ف	ث	ط	ر	غ	ت	ت	ض	ت	ق	ي	م	ت
ش	خ	ص	ي	ة	ص	ؤ	ق	ح	ا	ل	أ	ن	ا

نزاع
شخصية
مشكلة
إحساس
موعد
علاج
أحلام
سلوك
الإدراك
واقع

تقيم
فاقد الوعي
الأنا
تأثيرات
ذكريات
أفكار
الأفكار
مرحلة الطفولة
مرضي
معرفة

96 - Bauernhof #2

ح	م	ق	إ	ؤ	ث	ع	ة	خ	ض	ض	آ	ف	ك
ص	ب	ه	ل	ؤ	س	ئ	ي	ن	م	ب	ح	ع	آ
ب	ح	و	ش	ع	ي	ر	ك	ق	ز	ق	و	ك	ث
س	إ	ك	ب	ي	ع	ا	ر	ل	ا	ح	ل	ي	ب
ت	ك	ج	ص	ذ	ف	ز	ل	ر	ر	ع	ط	ى	س
ا	ق	ذ	ب	إ	ر	خ	ع	خ	ع	ت	س	ج	م
ن	ا	ى	ز	ت	ن	ة	ط	ب	ض	ب	ف	ص	خ
آ	و	ش	إ	ص	ئ	ه	ث	ى	ك	ر	م	ر	ة
إ	ح	ظ	ي	ر	ة	ك	ب	ض	ت	خ	و	ئ	ب
ز	ث	ك	ت	ا	ن	ا	و	ي	ح	ل	ا	ا	ش
ط	ج	د	ع	ص	ج	ف	خ	ر	و	ف	ف	ف	ت
و	ا	ط	آ	ن	ض	ر	ر	ل	أ	و	ز	ض	خ
ي	ل	ع	ة	ز	ل	ب	ا	ا	ت	ر	ق	ى	ث
ض	غ	ي	ن	ا	ض	ج	ل	ر	م	ر	ج	ص	ب

مزارع
الري
بطة
فاكهة
أوز
الخضروات
شعير
لهب
حبوب ذرة
حليب

بستان
ناضج
خروف
الراعي
حظيرة
الحيوانات
جرار
قمح
مرج

97 - Gartenarbeit

ب	ا	ب	ب	ة	ج	ض	ت	غ	م	خ	ا	ن	م
ي	ا	ل	س	ر	ط	و	ب	ة	و	ز	ل	ق	و
ر	ى	ق	ت	ت	د	ل	ا	ب	س	ه	أ	غ	ط
غ	ف	ى	ة	ر	ا	ف	ئ	ر	م	ر	ن	ر	ر
ؤ	ف	ض	ق	أ	ا	ن	ش	ت	ي	م	و	ح	خ
ح	ض	ة	ر	غ	ز	ب	ص	ث	ي	ت	ا	ب	ن
س	م	ل	و	ق	د	ه	ء	ا	م	ف	ع	إ	ب
ل	ك	أ	ل	ل	ح	ل	ا	ص	س	م	ا	د	ذ
ش	ؤ	ث	ر	ظ	د	ع	ع	ر	ز	ر	ص	ص	و
إ	ن	ط	غ	ق	ل	ر	و	ت	ح	ز	ر	ى	ر
ك	ى	ى	خ	ى	ا	ذ	ف	ث	غ	ر	ج	ع	ى
ظ	آ	ب	و	ط	آ	ق	خ	ئ	ق	ج	ث	ث	ى
ش	ح	آ	أ	و	ر	ا	ق	ا	ل	ش	ج	ر	و
و	ؤ	ل	ق	إ	ل	ب	خ	ة	خ	ة	ز	و	ق

الأنواع
ورقة
زهر
تربة
نباتي
وعاء
صالح للأكل
غريب
رطوبة
مناخ

سماد
أوراق الشجر
بستان
بذور
موسمي
خرطوم
التراب
باقة أزهار
ماء

98 - Berufe #2

إ	ر	ا	ي	ط	ق	ي	ق	خ	ا	ل	ا	ش	ي
ص	ا	ك	ب	س	ش	ا	س	ت	ي	غ	م	ط	إ
ة	ئ	ل	ت	ب	ا	ح	ث	ي	ئ	و	ذ	ب	ى
ج	د	م	ح	ق	ق	و	أ	ف	ا	ي	ط	ي	ر
ز	ف	و	س	ل	ي	ف	م	م	ي	س	ذ	ب	ؤ
و	ض	ت	د	آ	ح	ز	ي	خ	ح	ر	ي	غ	ا
ظ	ا	غ	ف	ه	ط	ح	ن	ت	أ	د	آ	ع	ف
م	ء	ي	ظ	ئ	ا	ذ	ا	ر	ح	م	ر	ش	ذ
ا	ل	م	ص	و	ر	ن	ل	ع	ت	ق	د	ذ	ظ
م	ى	ج	ذ	ص	و	ض	م	د	ك	ج	ث	ص	خ
ه	ج	ش	آ	ن	ش	ص	ك	ب	س	ت	ا	ن	ي
ن	ن	ر	ت	ح	ا	ظ	ت	د	س	ى	ص	ز	ا
د	ي	ن	ا	ن	س	أ	ب	ي	ب	ط	ي	ث	ي
س	ل	ن	غ	ح	ب	ل	ة	ص	ح	ف	ي	ظ	ل

طبيب
رائد فضاء
أمين المكتبة
أحيائي
جراح
محقق
مخترع
باحث
بستاني
المصور

مهندس
صحفي
مدرس
لغوي
دهان
فيلسوف
طيار
سياسي
طبيب أسنان

99 - Wetter

ي	ش	و	ف	ي	ئ	ا	و	ت	س	ا	ز	ز	ا
ن	ة	ر	ا	ر	ح	ل	ا	ة	ج	ر	د	ق	ل
ط	س	ؤ	ف	ن	ي	ض	ب	ض	ذ	ط	ث	ة	غ
ن	ح	ي	ج	خ	ر	ب	إ	ي	ة	ا	د	ؤ	ل
ذ	ن	ب	م	ئ	خ	ا	س	ع	ف	ا	ج	م	ا
ؤ	ب	ط	ب	ر	ق	ب	ح	ك	ص	س	ى	ن	ف
ح	ز	ق	س	و	ق	ح	ا	ا	ا	ا	ع	ا	ا
ؤ	ئ	ب	ش	د	د	و	ب	ت	ع	ل	ر	خ	ل
د	ة	غ	إ	ذ	ئ	ئ	ة	ا	غ	ئ	و	ذ	ج
س	ر	ط	ب	ر	ف	ة	ك	ج	ط	ب	ك	ز	و
ك	م	ب	ك	ج	ك	ن	ظ	ل	ق	ل	ج	ئ	ي
ص	ل	ا	س	ه	د	و	ء	ي	ف	ق	ش	م	ش
ث	ذ	ق	ء	ل	ة	ص	ؤ	د	ع	ر	ل	ا	ص
ص	آ	س	ح	ض	ط	ض	ذ	ظ	ا	ى	ق	ذ	ض

الغلاف الجوي
برق
نسيم
الرعد
جفاف
جليد
رطب
سماء
مناخ
الضباب

قطبي
قوس قزح
هدوء
عاصفة
درجة الحرارة
إعصار
جاف
استوائي
ريح
سحابة

100 - Chemie

د	ل	م	ج	إ	ل	ك	ت	ر	و	ن	ى	ت	ا
ؤ	غ	آ	م	ش	ؤ	إ	ت	س	ة	ة	ة	خ	ط
ق	س	غ	ل	ئ	ا	س	ي	و	ج	ة	ف	ا	ئ
د	ي	د	ح	ؤ	و	م	غ	آ	أ	ن	ة	غ	ق
ه	ر	خ	ت	ظ	ث	ض	س	و	ك	ؤ	ز	ن	ظ
ي	و	ج	غ	ا	ز	ف	ح	م	س	ق	ل	و	ي
د	ل	ر	ة	ر	ج	غ	آ	و	ج	ش	ش	ف	س
ر	ك	ؤ	د	ا	ج	آ	ذ	ع	ي	و	و	ن	ن
و	ح	ز	ظ	ف	ل	ث	غ	ة	ن	و	ب	ر	ك
ج	ى	ر	س	غ	ع	ح	م	ر	و	ح	م	ض	ذ
ي	ح	ؤ	ا	ي	آ	ل	ر	د	ي	و	ض	ع	ث
ن	ئ	ل	ا	ر	ا	ى	ز	ا	أ	و	ز	ن	ن
ظ	م	ر	ك	ب	ة	آ	ح	خ	ر	ة	ص	خ	ط
ز	ض	ز	ا	ن	ز	ي	م	ئ	آ	ة	ع	ق	ظ

قلوي
كلور
إلكترون
انزيم
سائل
غاز
وزن
حرارة
أيون
محفز

كربون
مركب
نووي
عضوي
رد فعل
ملح
أكسجين
حمض
درجة الحرارة
هيدروجين

1 - Gesundheit und Wellness #2

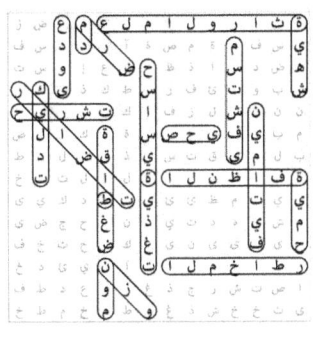

2 - Ozean

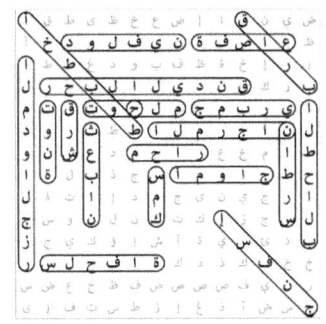

3 - Meditation

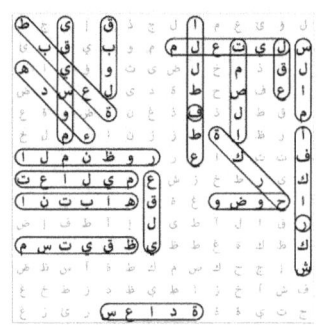

4 - Archäologie

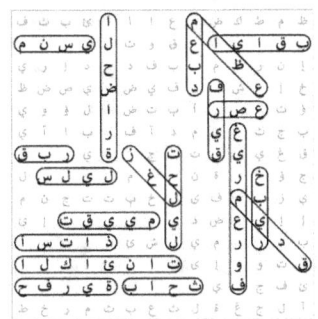

5 - Insekten

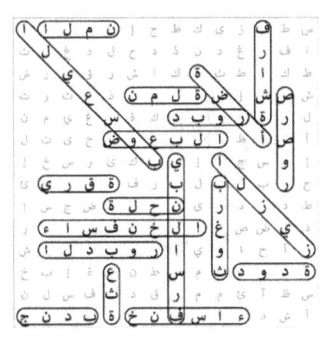

6 - Gesundheit und Wellness #1

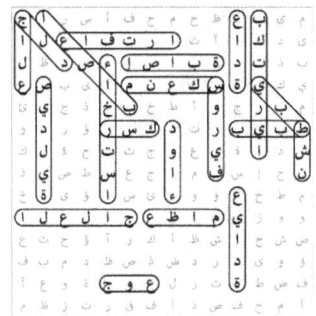

7 - Obst

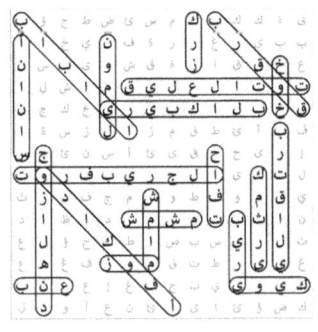

8 - Universum

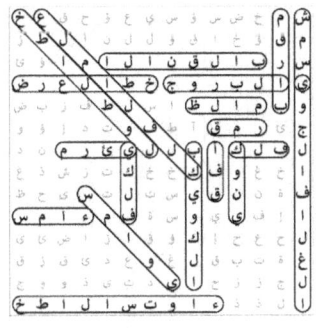

9 - Camping

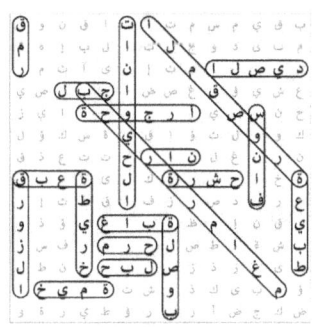

10 - Zeit

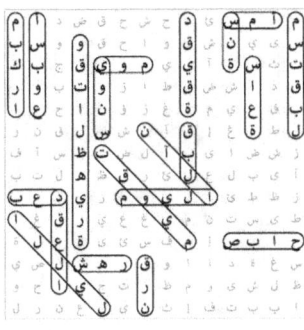

11 - Säugetiere

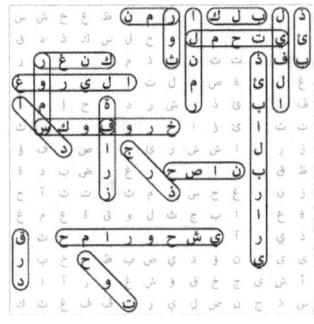

12 - Algebra

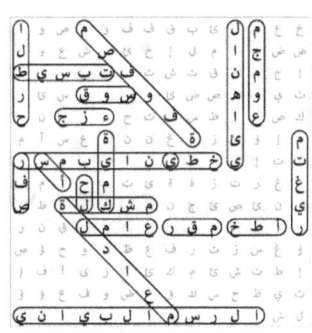

13 - Diplomatie

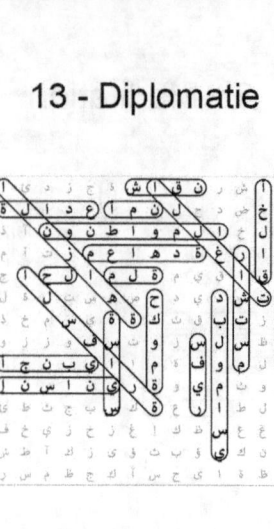

14 - Astronomie

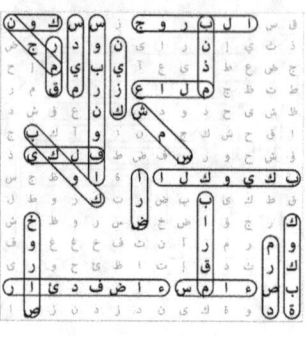

15 - Ballett

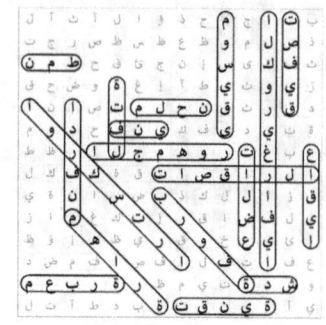

16 - Geologie

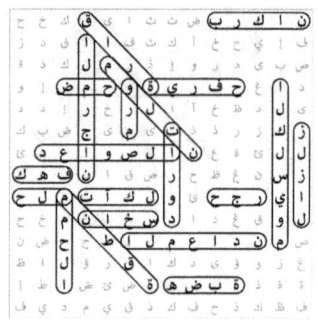

17 - Sport

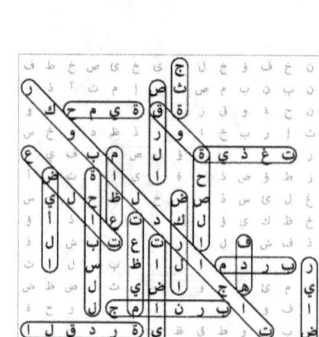

18 - Mythologie

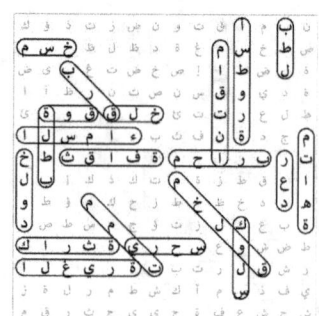

19 - Restaurant #2

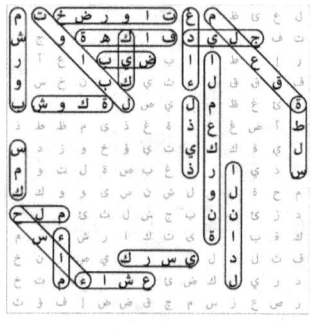

20 - Ökologie

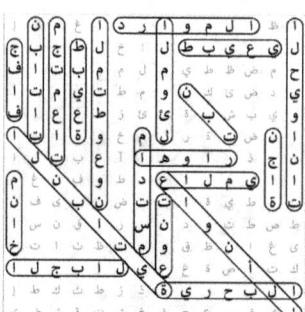

21 - Boote

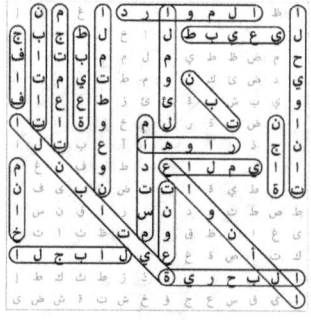

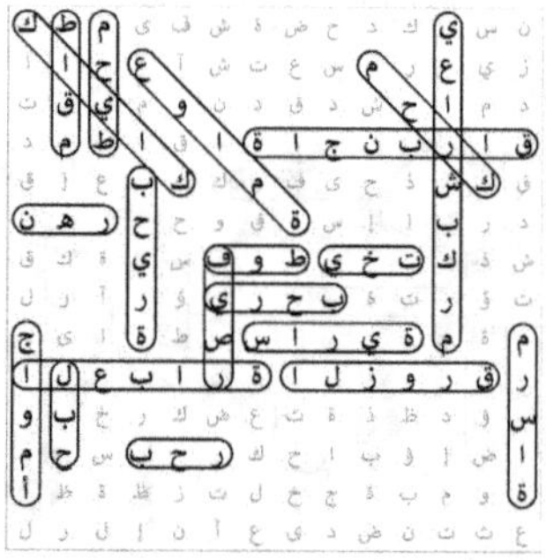

22 - Stadt

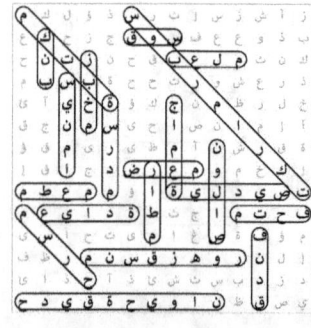

23 - Aktivitäten

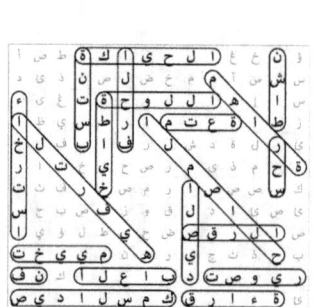

24 - Bienen

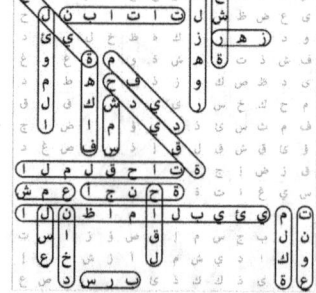

25 - Wissenschaftliche

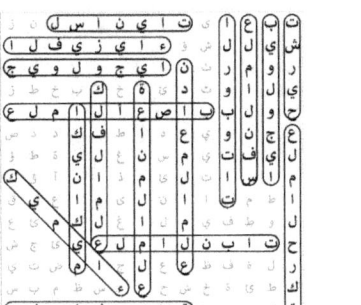

26 - Vögel

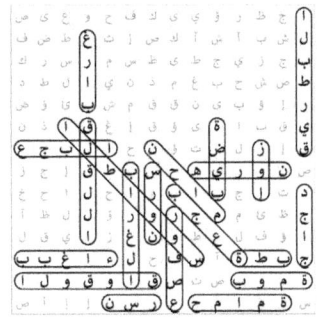

27 - Garten

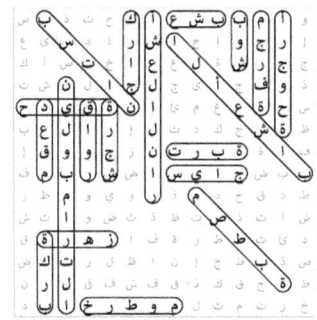

28 - Antarktis

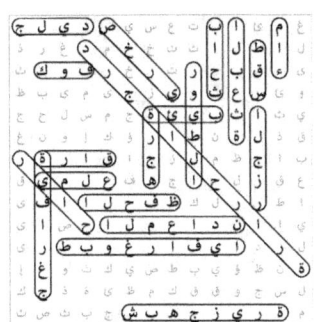

29 - Fahren

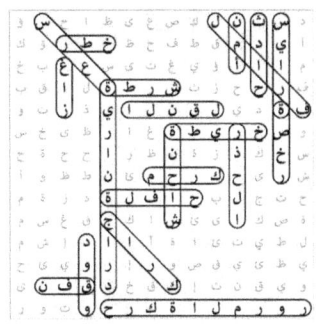

30 - Physik

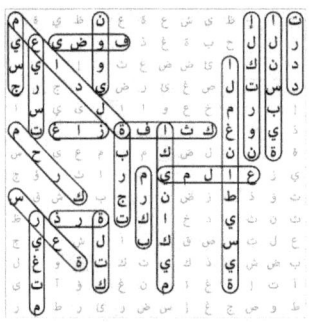

31 - Bücher

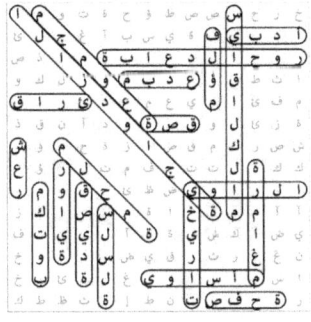

32 - Menschlicher Körper

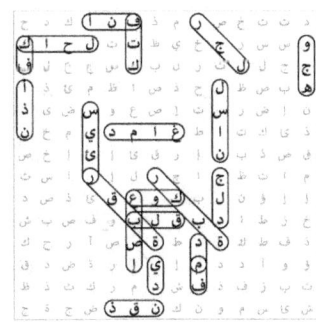

33 - Landschaften

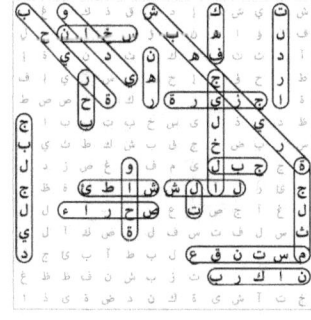

34 - Abenteuer

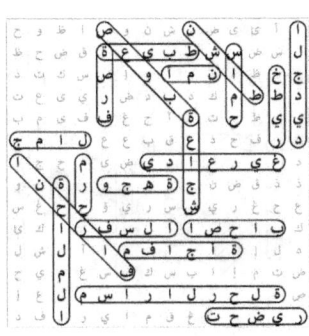

35 - Flugzeuge

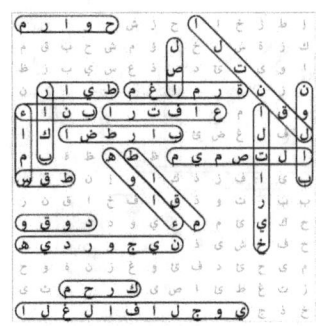

36 - Haartypen

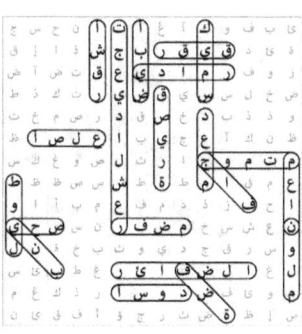

37 - Essen #1

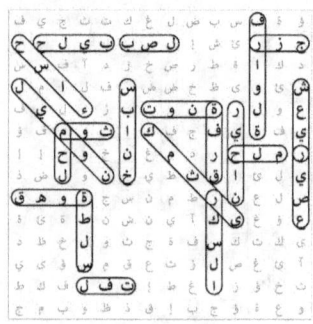

38 - Ethik

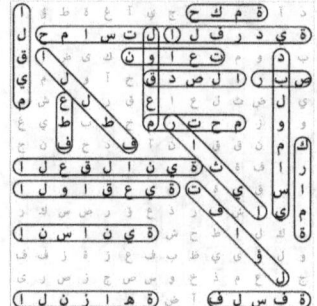

39 - Gebäude

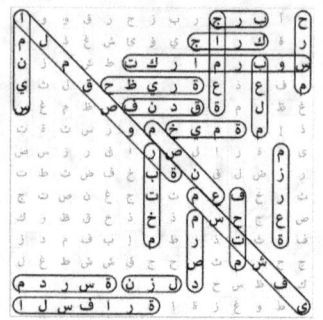

40 - Mode

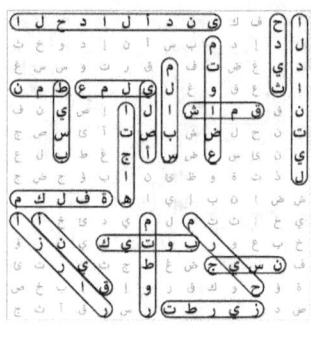

41 - Essen #2

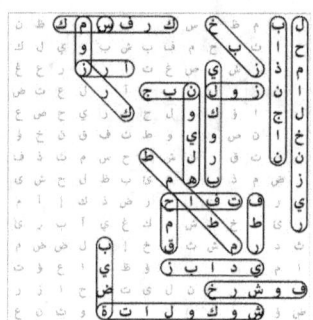

42 - Energie

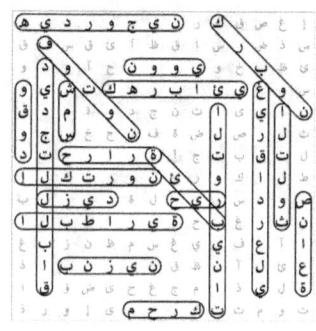

43 - Familie

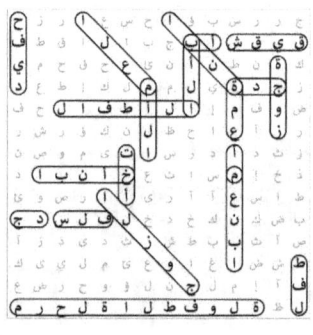

44 - Pflanzen

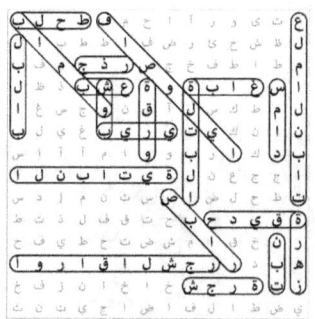

45 - Kunst

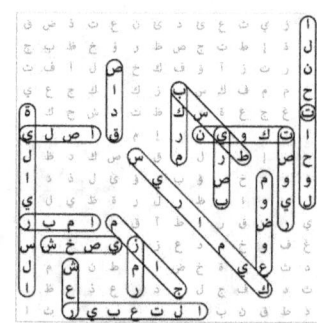

46 - Gewürze

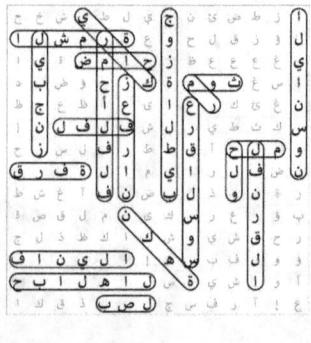

47 - Kreativität

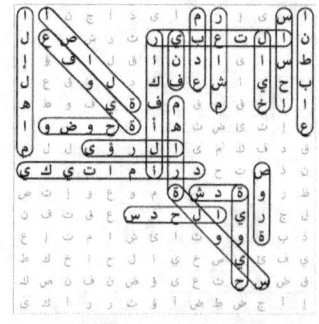

48 - Geschäft

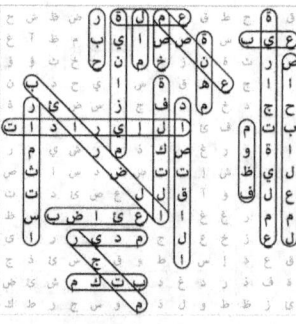

49 - Ingenieurwesen

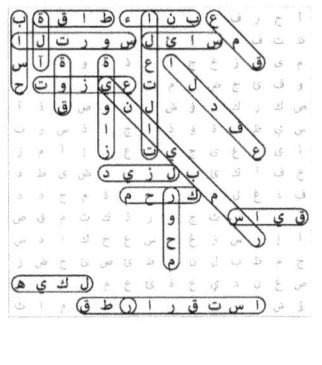

50 - Kaffee

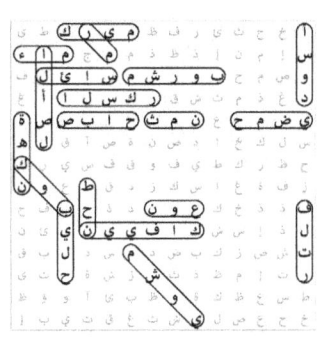

51 - Gemüse

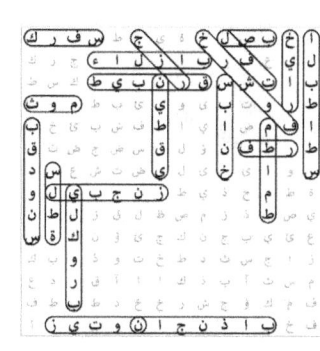

52 - Schönheit

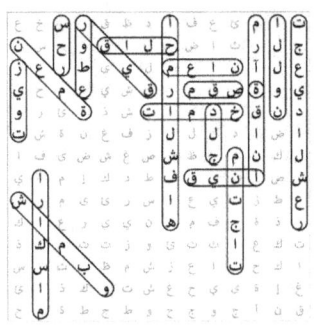

53 - Tanzen

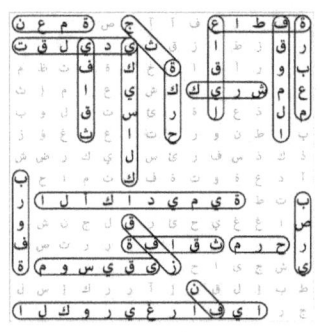

54 - Ernährung

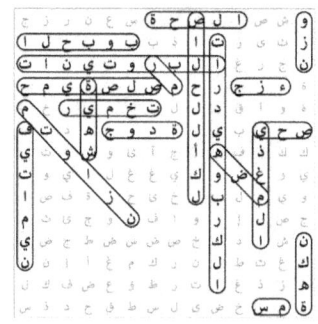

55 - Länder #1

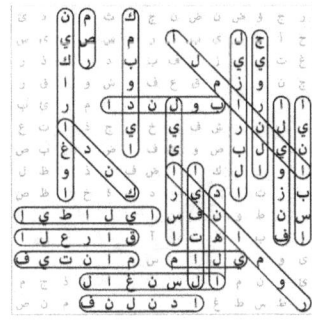

56 - Technologie

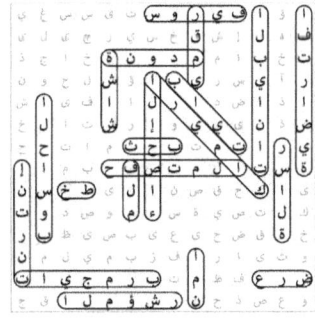

57 - Science Fiction

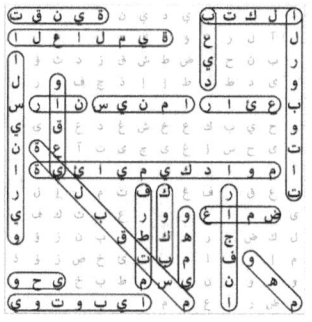

58 - Haustiere

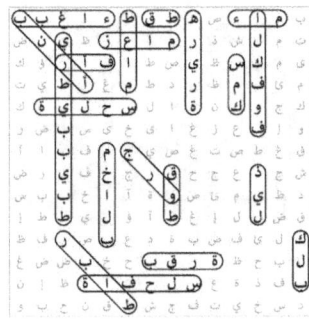

59 - Literatur

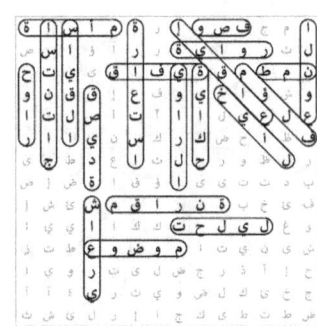

60 - Wandern

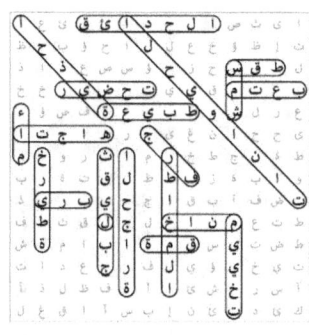

61 - Länder #2

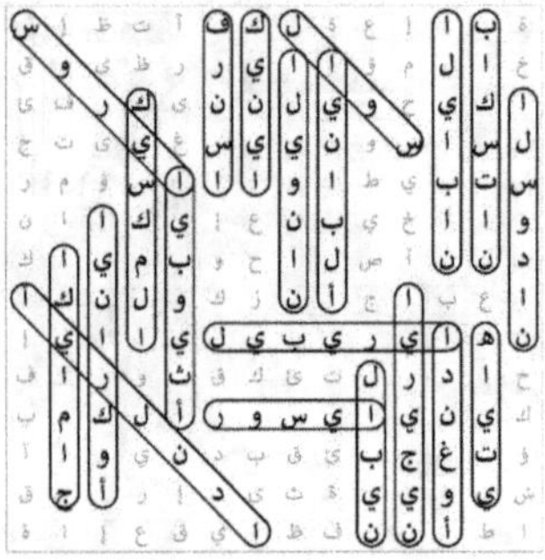

62 - Fahrzeuge

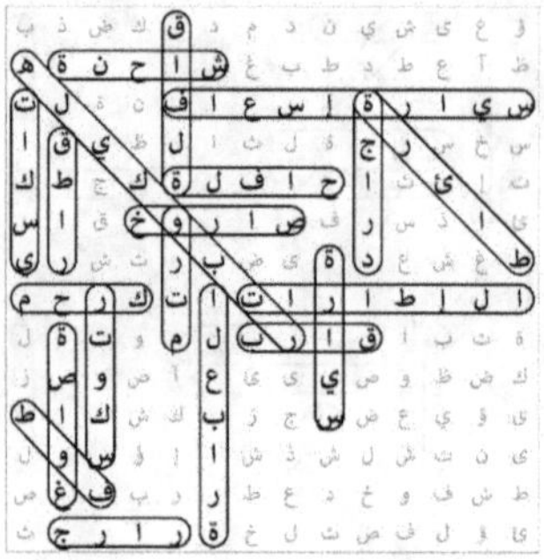

63 - Musikinstrumente

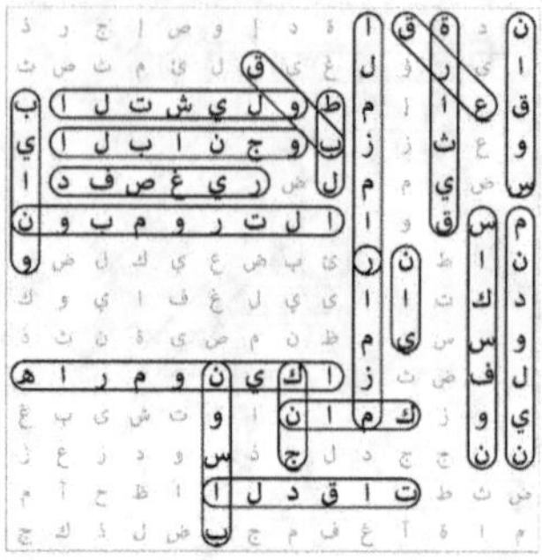

64 - Blumen

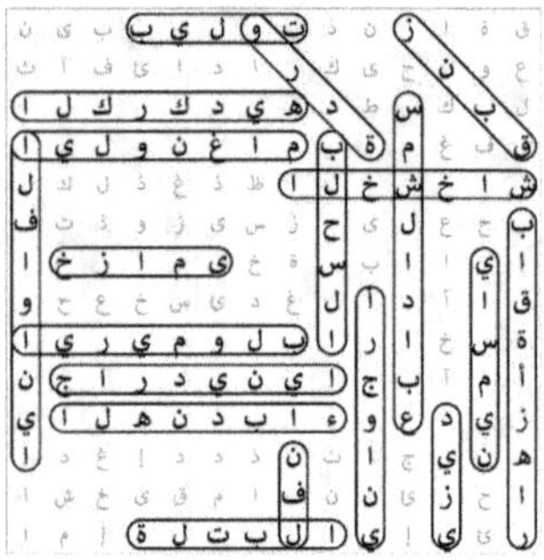

65 - Natur

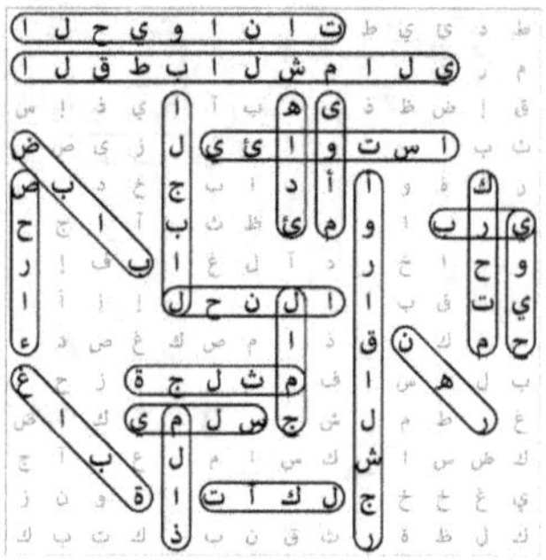

66 - Urlaub #2

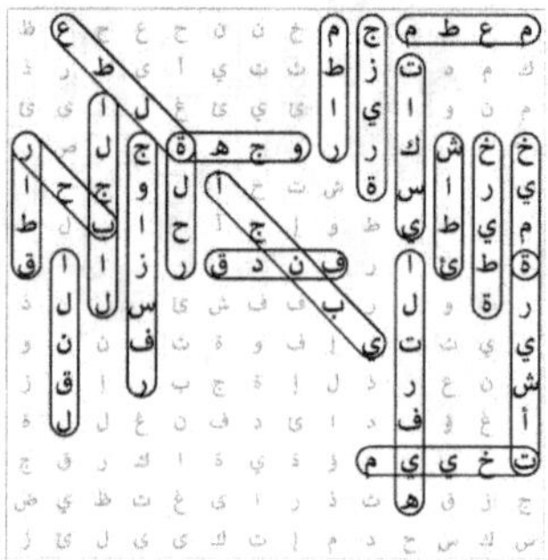

67 - Zirkus

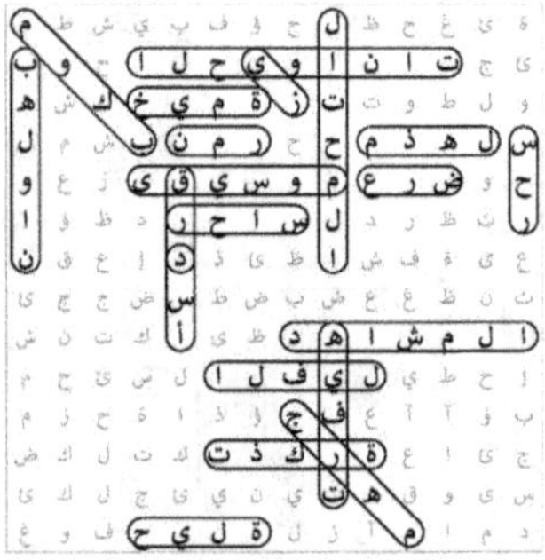

68 - Barbecues

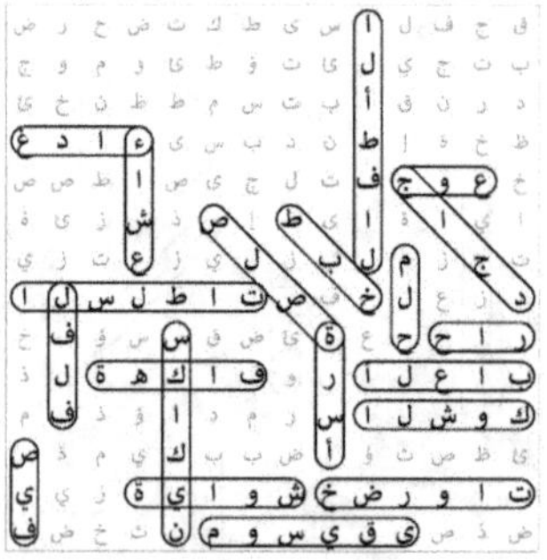

69 - Küche

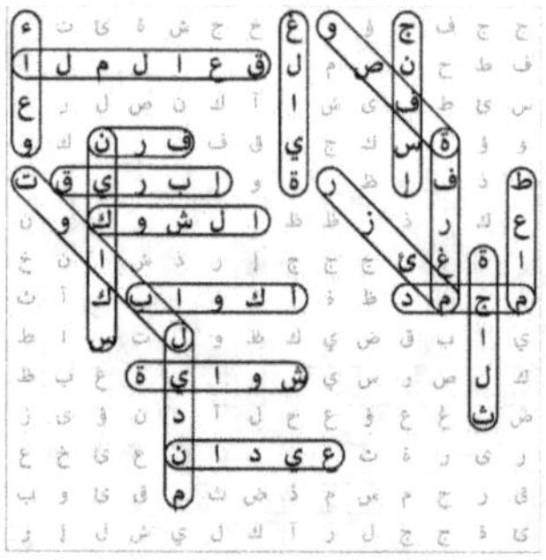

70 - Schach

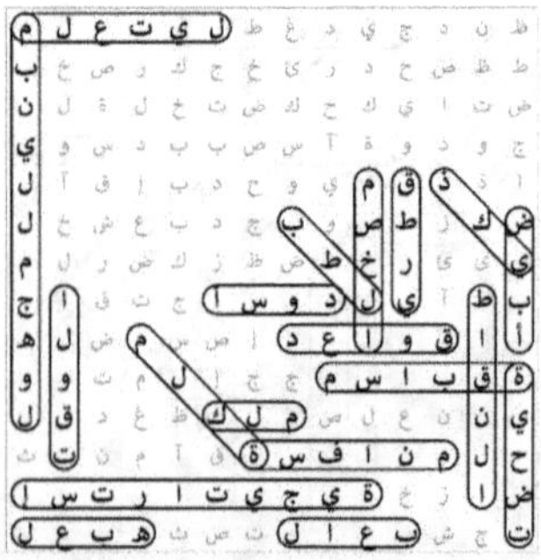

71 - Geographie

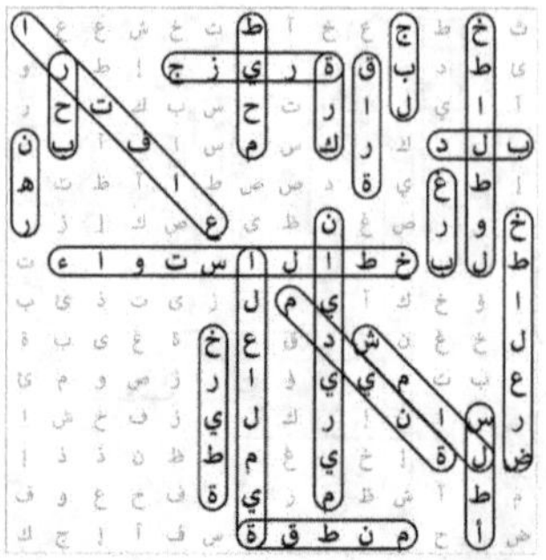

72 - Zahlen

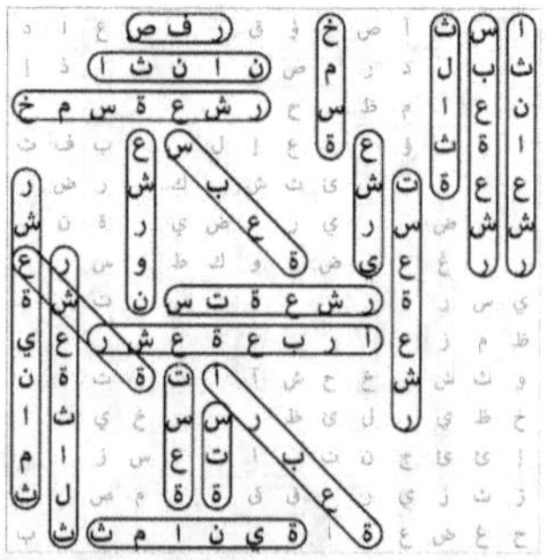

73 - Kunst Liefert

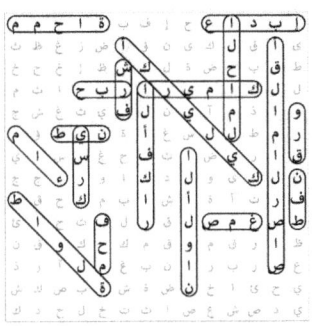

74 - Tage und Monate

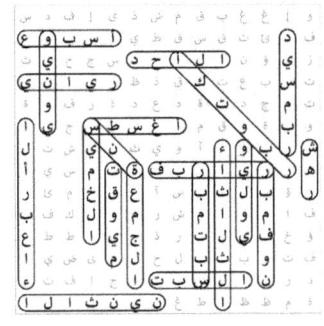

75 - Zu Füllen

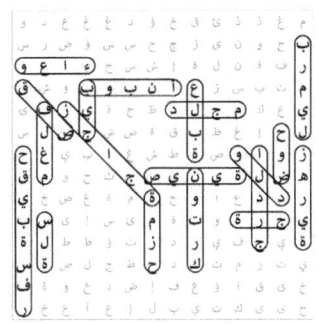

76 - Das Unternehmen

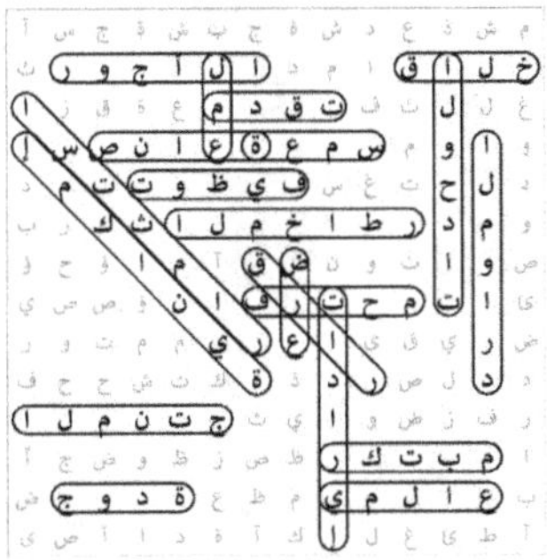

77 - Kräuterkunde

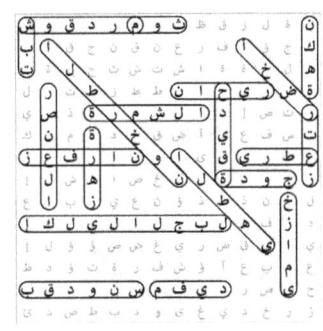

78 - Aktivitäten und Freizeit

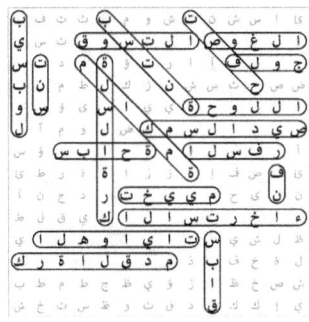

79 - Formen

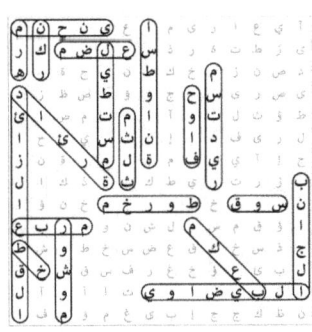

80 - Musik

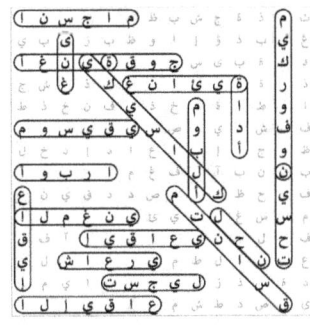

81 - Antiquitäten

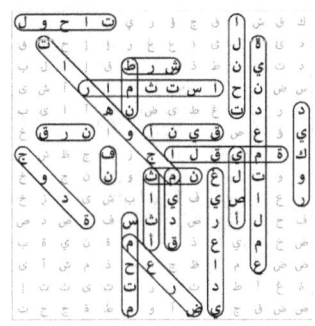

82 - Adjektive #2

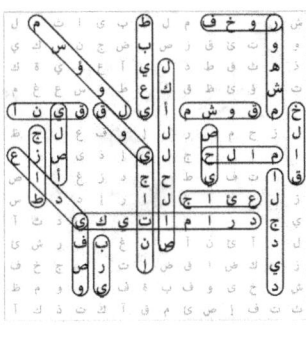

83 - Kleidung

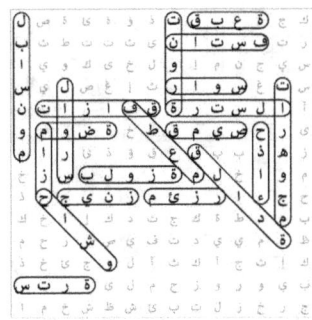

84 - Farben

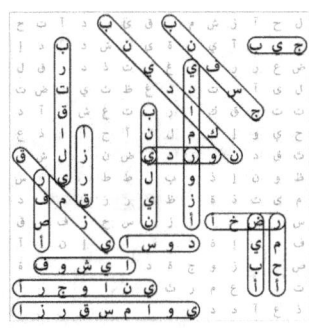

85 - Haus

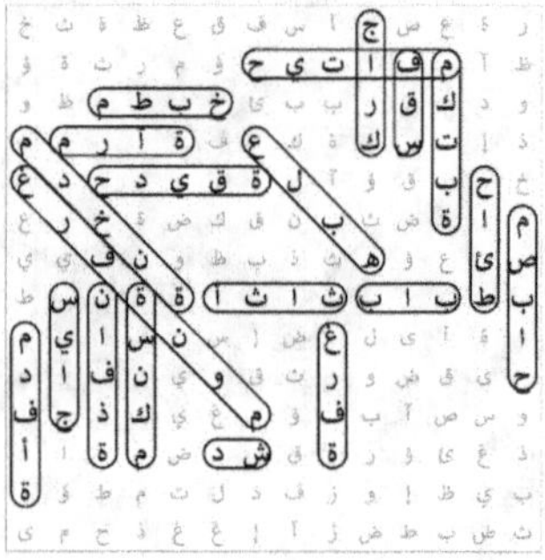

86 - Bauernhof #1

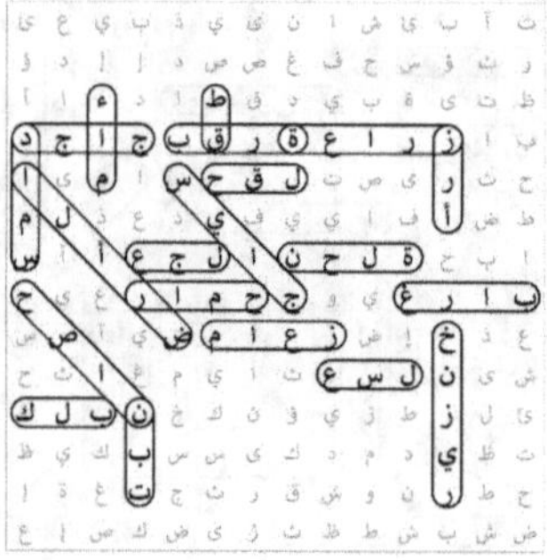

87 - Regierung

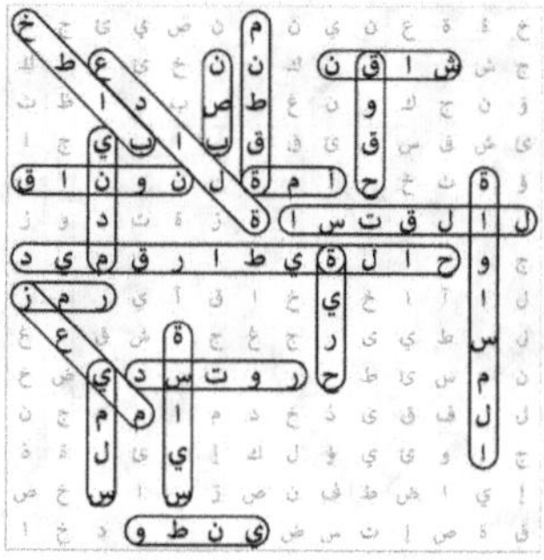

88 - Berufe #1

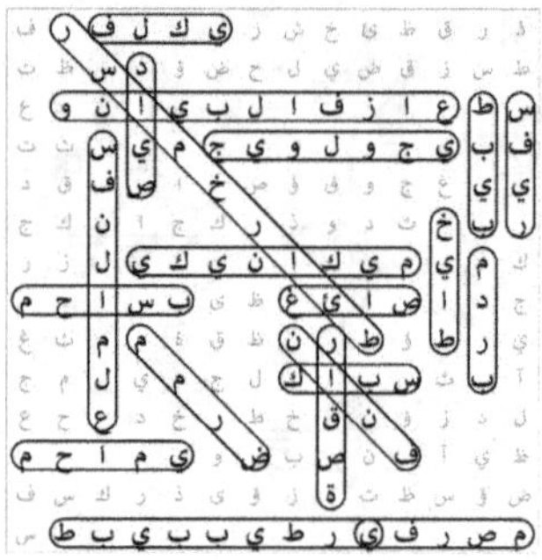

89 - Adjektive #1

90 - Geometrie

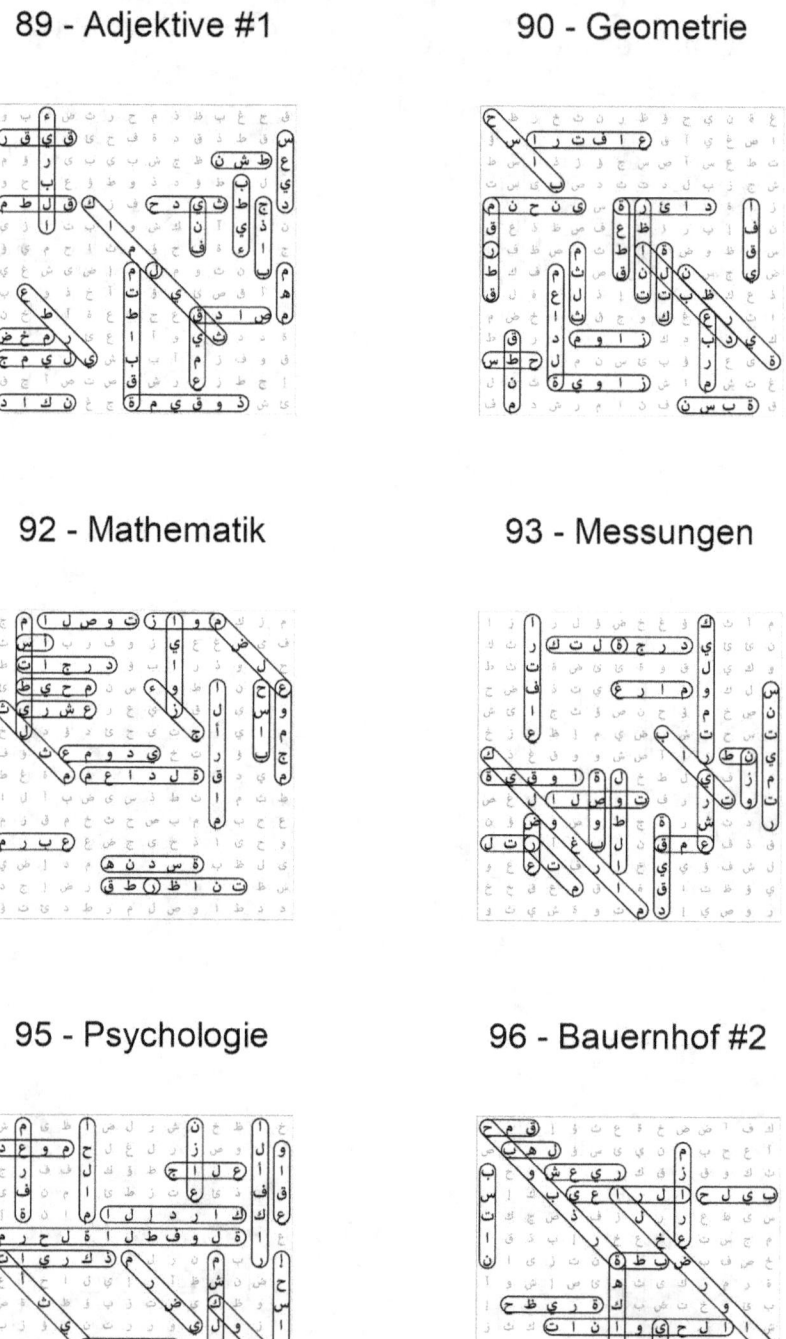

91 - Jazz

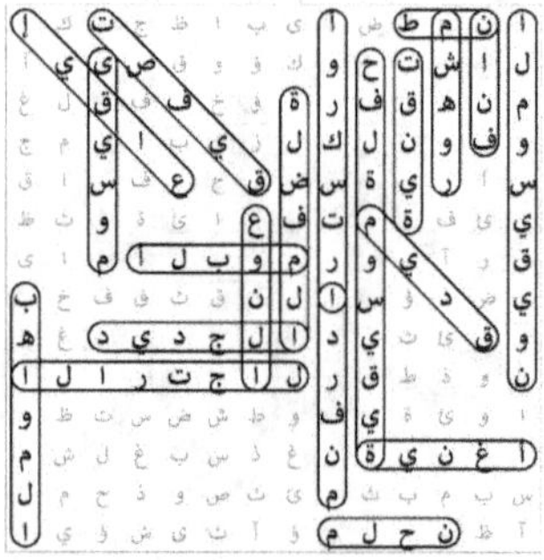

92 - Mathematik

93 - Messungen

94 - Boxen

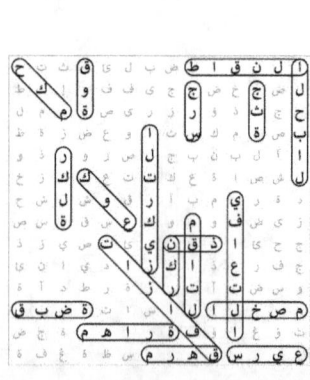

95 - Psychologie

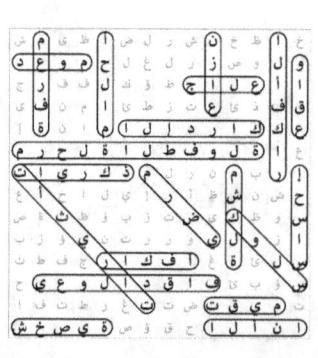

96 - Bauernhof #2

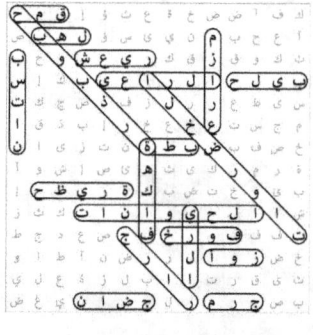

97 - Gartenarbeit

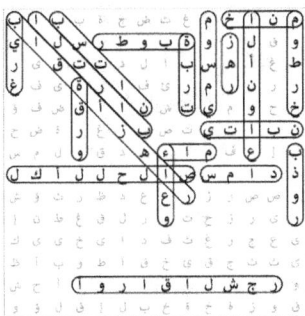

98 - Berufe #2

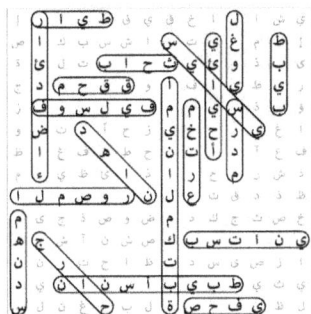

99 - Wetter

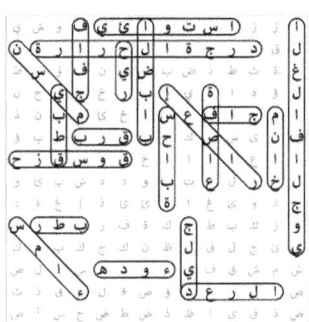

100 - Chemie

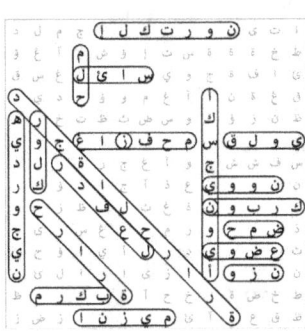

Wörterbuch

Abenteuer
مغامرة

Aktivität	نشاط
Ausflug	انحراف
Begeisterung	حماس
Chance	فرصة
Freude	مرح
Freunde	اصحاب
Gefährlich	خطير
Natur	طبيعة
Navigation	الملاحة
Neu	الجديد
Reisen	السفر
Route	مسار الرحلة
Schönheit	جمال
Schwierigkeit	صعوبة
Sicherheit	أمن
Tapferkeit	شجاعة
Ungewöhnlich	غير عادي
Überraschend	مفاجأة
Vorbereitung	تحضير
Ziel	وجهة

Adjektive #1
الصفات #1

Absolut	مطلق
Aktiv	نشط
Aromatisch	عطري
Attraktiv	جذاب
Dunkel	داكن
Dünn	رقيق
Ehrlich	صادق
Glücklich	سعيد
Identisch	متطابقة
Künstlerisch	فني
Langsam	بطيء
Modern	حديث
Perfekt	كامل
Riesig	ضخم
Schön	جميل
Schwer	ثقيل
Tief	عميق
Unschuldig	البريء
Wertvoll	ذو قيمة
Wichtig	مهم

Adjektive #2
الصفات #2

Authentisch	أصلي
Berühmt	مشهور
Beschreibend	وصفي
Dramatisch	دراماتيكي
Elegant	أنيق
Essbar	صالح للأكل
Frisch	طازج
Gesund	صحي
Hungrig	جائع
Interessant	مشوق
Kreativ	خلاق
Natürlich	طبيعي
Neu	الجديد
Normal	عادي
Produktiv	إنتاجي
Salzig	مالح
Stark	قوي
Stolz	فخور
Verantwortlich	مسؤول
Wild	بري

Aktivitäten
الأنشطة

Aktivität	نشاط
Angeln	صيد السمك
Camping	تخييم
Entspannung	استرخاء
Fähigkeit	مهارة
Fotografie	تصوير
Freizeit	الترفيه
Gartenarbeit	بستنة
Gemälde	اللوحة
Interessen	المصالح
Jagd	الصيد
Kunst	فن
Kunsthandwerk	الحرف
Lesen	قراءة
Magie	سحر
Nähen	خياطة
Spiele	ألعاب
Stricken	الحياكة
Tanzen	الرقص
Vergnügen	متعة

Aktivitäten und Freizeit
الأنشطة والترفيه

Angeln	صيد السمك
Baseball	بيسبول
Basketball	كرة السلة
Boxen	ملاكمة
Camping	تخييم
Einkaufen	التسوق
Entspannend	الاسترخاء
Fussball	كرة القدم
Gartenarbeit	بستنة
Gemälde	اللوحة
Golf	جولف
Hobbies	الهوايات
Kunst	فن
Reise	السفر
Rennen	سباق
Schwimmen	سباحة
Surfen	تصفح
Tauchen	الغوص
Tennis	تنس
Volleyball	الكرة الطائرة

Algebra
الجبر

Bruchteil	جزء
Diagramm	رسم بياني
Exponent	أس
Faktor	عامل
Falsch	خطأ
Gleichung	معادلة
Graph	الرسم البياني
Klammern	قوس
Linear	خطي
Lösung	حل
Matrix	مصفوفة
Menge	كمية
Null	صفر
Nummer	رقم
Problem	مشكلة
Subtraktion	الطرح
Summe	مجموع
Unendlich	لانهائي
Variable	متغير
Vereinfachen	تبسيط

Antarktis
القارة القطبية الجنوبية

Bucht	كوف
Eis	جليد
Erhaltung	الحفظ
Expedition	البعثة
Felsig	صخري
Forscher	باحث
Geographie	جغرافية
Halbinsel	شبه جزيرة
Inseln	الجزر
Kontinent	قارة
Migration	هجرة
Mineralien	المعادن
Temperatur	درجة الحرارة
Topographie	طبوغرافيا
Umwelt	بيئة
Vögel	الطيور
Wasser	ماء
Wetter	طقس
Wind	رياح
Wissenschaftlich	علمي

Antiquitäten
التحف

Alt	قديم
Authentisch	أصلي
Dekorativ	ديكور
Elegant	أنيق
Enthusiast	متحمس
Galerie	معرض
Gemälde	لوحات
Investition	استثمار
Jahrhundert	قرن
Kunst	فن
Möbel	أثاث
Münzen	عملات معدنية
Preis	ثمن
Qualität	جودة
Schmuck	مجوهرات
Skulptur	النحت
Stil	نمط
Ungewöhnlich	غير عادي
Wert	القيمة
Zustand	شرط

Archäologie
علم الآثار

Analyse	تحليل
Auswertung	تقييم
Ära	عصر
Experte	خبير
Forscher	باحث
Fossil	حفرية
Geheimnis	لغز
Grab	قبر
Knochen	عظام
Mannschaft	فريق
Nachkomme	سليل
Objekte	الكائنات
Professor	أستاذ
Relikt	بقايا
Tempel	معبد
Unbekannt	غير معروف
Uralt	قديم
Vergessen	منسي
Zivilisation	الحضارة

Astronomie
علم الفلك

Asteroid	الكويكب
Astronaut	رائد فضاء
Astronom	فلكي
Erde	أرض
Himmel	سماء
Komet	مذنب
Konstellation	كوكبة
Kosmos	عالم
Meteor	نيزك
Mond	قمر
Nebel	سديم
Observatorium	مرصد
Planet	كوكب
Rakete	صاروخ
Sonne	شمس
Stern	نجم
Supernova	سوبرنوفا
Teleskop	مقراب
Tierkreis	البروج
Universum	كون

Ballett
باليه

Applaus	تصفيق
Ausdrucksvoll	معبرة
Choreographie	الكوريغرافيا
Fähigkeit	مهارة
Geste	لفتة
Intensität	شدة
Komponist	ملحن
Künstlerisch	فني
Musik	موسيقى
Muskel	عضلات
Orchester	أوركسترا
Probe	بروفة
Publikum	الجمهور
Rhythmus	إيقاع
Solo	منفردا
Stil	نمط
Tänzer	الراقصات
Technik	تقنية

Barbecues
حفلات الشواء

Abendessen	عشاء
Familie	أسرة
Frucht	فاكهة
Gabeln	الشوك
Gemüse	خضروات
Grill	شواية
Heiss	حار
Huhn	دجاج
Hunger	جوع
Kinder	الأطفال
Kochen	طبخ
Messer	سكاكين
Mittagessen	غداء
Musik	موسيقى
Pfeffer	فلفل
Salate	السلطات
Salz	ملح
Sommer	صيف
Sosse	صلصة
Spiele	ألعاب

Bauernhof #1
مزرعة #1

Biene	نحلة
Dünger	سماد
Esel	حمار
Feld	حقل
Heu	تبن
Honig	عسل
Huhn	دجاج
Hund	كلب
Kalb	عجل
Katze	قط
Krähe	غراب
Kuh	بقرة
Land	الأرض
Landwirtschaft	زراعة
Pferd	حصان
Reis	أرز
Schwein	خنزير
Wasser	ماء
Zaun	سياج
Ziege	ماعز

Bauernhof #2
مزرعة #2

Bauer	مزارع
Bewässerung	الري
Ente	بطة
Frucht	فاكهة
Gänse	أوز
Gemüse	الخضروات
Gerste	شعير
Lama	لهب
Mais	حبوب ذرة
Milch	حليب
Obstgarten	بستان
Reif	ناضج
Schaf	خروف
Schäfer	الراعي
Scheune	حظيرة
Tiere	الحيوانات
Traktor	جرار
Weizen	قمح
Wiese	مرج
Windmühle	طاحونة هوائية

Berufe #1
المهن #1

Arzt	طبيب
Astronom	فلكي
Bankier	مصرفي
Botschafter	سفير
Buchhalter	محاسب
Geologe	جيولوجي
Jäger	صياد
Juwelier	صائغ
Kartograph	رسام خرائط
Klempner	سباك
Krankenschwester	ممرض
Künstler	فنان
Mechaniker	ميكانيكي
Pianist	عازف البيانو
Psychologe	علم النفس
Rechtsanwalt	محامي
Schneider	خياط
Tänzer	راقصة
Tierarzt	طبيب بيطري
Trainer	مدرب

Berufe #2
المهن #2

Arzt	طبيب
Astronaut	رائد فضاء
Bibliothekar	أمين المكتبة
Biologe	أحيائي
Chirurg	جراح
Detektiv	محقق
Erfinder	مخترع
Forscher	باحث
Gärtner	بستاني
Illustrator	المصور
Ingenieur	مهندس
Journalist	صحفي
Lehrer	مدرس
Linguist	لغوي
Maler	دهان
Philosoph	فيلسوف
Pilot	طيار
Politiker	سياسي
Zahnarzt	طبيب أسنان
Zoologe	عالم الحيوان

Bienen
النحل

Bestäuber	الملقحات
Bienenkorb	خلية
Blumen	الزهور
Blüte	زهر
Flügel	أجنحة
Frucht	فاكهة
Garten	حديقة
Honig	عسل
Insekt	حشرة
Königin	ملكة
Lebensraum	الموئل
Ökosystem	النظام البيئي
Pflanzen	نباتات
Pollen	لقاح
Rauch	دخان
Schwarm	سرب
Sonne	شمس
Vielfalt	تنوع
Vorteilhaft	مفيد
Wachs	شمع

Blumen
زهور

Blütenblatt	البتلة
Gardenie	جاردينيا
Gänseblümchen	ديزي
Hibiskus	الكركديه
Jasmin	ياسمين
Klee	نفل
Lavendel	خزامى
Lila	أرجواني
Lilie	زنبق
Löwenzahn	الهندباء
Magnolie	ماغنوليا
Mohn	الخشخاش
Orchidee	السحلب
Passionsblume	زهرة العاطفة
Pfingstrose	الفاوانيا
Plumeria	بلوميريا
Rose	وردة
Sonnenblume	عباد الشمس
Strauss	باقة أزهار
Tulpe	توليب

Boote
القوارب

Anker	مرساة
Boje	عوامة
Crew	طاقم
Dock	رصيف
Fähre	العبارة
Floss	طوف
Fluss	نهر
Kajak	كاياك
Kanu	الزورق
Mast	سارية
Meer	بحر
Motor	محرك
Nautisch	بحري
Ozean	محيط
Rettungsboot	قارب نجاة
See	بحيرة
Segelboot	مركب شراعي
Seil	حبل
Wellen	أمواج
Yacht	يخت

Boxen
ملاكمة

Ecke	ركن
Ellbogen	كوع
Erschöpft	مرهق
Faust	قبضة
Fähigkeit	مهارة
Fokus	التركيز
Gegner	الخصم
Glocke	جرس
Handschuhe	قفازات
Kämpfer	مقاتل
Kick	ركلة
Kinn	ذقن
Körper	جثة
Punkte	النقاط
Recovery	التعافي
Schiedsrichter	حكم
Schnell	سريع
Seile	الحبال
Stärke	قوة

Bücher
كتب

Abenteuer	مغامرة
Autor	مؤلف
Dualität	الازدواجية
Episch	ملحمة
Erfinderisch	مبدع
Erzähler	الراوي
Gedicht	قصيدة
Geschichte	قصة
Geschrieben	مكتوب
Historisch	تاريخي
Humorvoll	روح الدعابة
Kollektion	مجموعة
Kontext	سياق الكلام
Leser	قارئ
Literarisch	أدبي
Poesie	شعر
Roman	رواية
Seite	صفحة
Serie	سلسلة
Tragisch	مأساوي

Camping
عسكرة

Abenteuer	مغامرة
Berg	جبل
Feuer	نار
Hängematte	أرجوحة
Hut	قبعة
Insekt	حشرة
Jagd	الصيد
Kabine	المقصورة
Kanu	الزورق
Karte	خريطة
Kompass	بوصلة
Laterne	فانوس
Mond	قمر
Natur	طبيعة
See	بحيرة
Seil	حبل
Spass	مرح
Tiere	الحيوانات
Wald	غابة
Zelt	خيمة

Chemie
كيمياء

Alkalisch	قلوي
Chlor	كلور
Elektron	إلكترون
Enzym	انزيم
Flüssigkeit	سائل
Gas	غاز
Gewicht	وزن
Hitze	حرارة
Ion	أيون
Katalysator	محفز
Kohlenstoff	كربون
Molekül	مركب
Nuklear	نووي
Organisch	عضوي
Reaktion	رد فعل
Salz	ملح
Sauerstoff	أكسجين
Säure	حمض
Temperatur	درجة الحرارة
Wasserstoff	هيدروجين

Das Unternehmen
الشركة

Beschäftigung	توظيف
Einheiten	الوحدات
Einnahmen	إيرادات
Entscheidung	قرار
Fortschritt	تقدم
Geschäft	عمل
Global	عالمي
Industrie	صناعة
Innovativ	مبتكر
Investition	استثمار
Kreativ	خلاق
Löhne	الأجور
Möglichkeit	إمكانية
Präsentation	عرض
Produkt	المنتج
Professionell	محترف
Qualität	جودة
Ressourcen	الموارد
Risiken	المخاطر
Ruf	سمعة

Diplomatie
الدبلوماسية

Ausländisch	أجنبي
Berater	مستشار
Botschaft	السفارة
Botschafter	سفير
Bürger	المواطنون
Diplomatisch	دبلوماسي
Diskussion	نقاش
Ethik	أخلاق
Gemeinschaft	ملة
Gerechtigkeit	عدالة
Humanitär	إنساني
Integrität	النزاهة
Konflikt	نزاع
Lösung	حل
Politik	سياسة
Regierung	حكومة
Sicherheit	أمن
Sprachen	اللغات
Vertrag	معاهدة
Zusammenarbeit	تعاون

Energie
الطاقة

Batterie	البطارية
Benzin	بنزين
Brennstoff	وقود
Diesel	ديزل
Elektrisch	كهربائي
Elektron	إلكترون
Entropie	غير قادر على
Erneuerbar	قابل للتجديد
Hitze	حرارة
Industrie	صناعة
Kohlenstoff	كربون
Motor	محرك
Nuklear	نووي
Photon	فوتون
Sonne	شمس
Turbine	التوربينات
Umwelt	بيئة
Verschmutzung	التلوث
Wasserstoff	هيدروجين
Wind	ريح

Ernährung
التغذية

Appetit	شهية
Ausgewogen	متوازن
Bitter	مر
Diät	حمية
Essbar	صالح للأكل
Fermentation	تخمير
Geschmack	نكهة
Gesund	صحي
Gesundheit	الصحة
Getreide	الحبوب
Gewicht	وزن
Kohlenhydrate	الكربوهيدرات
Nährstoff	المغذي
Portion	جزء
Proteine	البروتينات
Qualität	جودة
Sosse	صلصة
Toxin	سم
Verdauung	هضم
Vitamin	فيتامين

Essen #1
الغذاء #1

Basilikum	ريحان
Birne	كمثرى
Erdbeere	فراولة
Fleisch	لحم
Gerste	شعير
Kaffee	قهوة
Karotte	جزر
Knoblauch	ثوم
Milch	حليب
Rübe	لفت
Saft	عصير
Salat	سلطة
Salz	ملح
Spinat	سبانخ
Suppe	حساء
Thunfisch	تونة
Zimt	قرفة
Zitrone	ليمون
Zucker	السكر
Zwiebel	بصل

Essen #2
الغذاء #2

Apfel	تفاحة
Artischocke	خرشوف
Aubergine	باذنجان
Banane	موز
Brokkoli	بروكلي
Brot	خبز
Ei	بيضة
Fisch	سمك
Joghurt	زبادي
Käse	جبن
Kirsche	كرز
Mandel	لوز
Pilz	فطر
Reis	أرز
Schinken	لحم الخنزير
Schokolade	شوكولاتة
Sellerie	كرفس
Spargel	هليون
Tomate	طماطم
Weizen	قمح

Ethik
الأخلاق

Altruismus	إيثار
Diplomatisch	دبلوماسي
Ehrlichkeit	الصدق
Freundlichkeit	اللطف
Geduld	صبر
Individualismus	الفردية
Integrität	النزاهة
Menschheit	إنسانية
Mitgefühl	عطف
Optimismus	تفاؤل
Philosophie	فلسفة
Rationalität	العقلانية
Realismus	الواقعية
Respektvoll	محترم
Toleranz	التسامح
Vernünftig	معقول
Weisheit	حكمة
Werte	القيم
Würde	كرامة
Zusammenarbeit	تعاون

Fahren
القيادة

Auto	سيارة
Bremsen	فرامل
Brennstoff	وقود
Bus	حافلة
Garage	كراج
Gas	غاز
Gefahr	خطر
Geschwindigkeit	سرعة
Karte	خريطة
Lizenz	رخصة
Lkw	شاحنة
Motor	محرك
Motorrad	دراجة نارية
Polizei	شرطة
Sicherheit	أمن
Transport	النقل
Tunnel	نفق
Unfall	حادث
Verkehr	حركة المرور
Vorsicht	الحذر

Fahrzeuge
المركبات

Auto	سيارة
Boot	قارب
Bus	حافلة
Fahrrad	دراجة
Fähre	العبارة
Floss	طوف
Flugzeug	طائرة
Hubschrauber	هليكوبتر
Krankenwagen	سيارة إسعاف
Lkw	شاحنة
Motor	محرك
Rakete	صاروخ
Reifen	الإطارات
Roller	سكوتر
Taxi	تاكسي
Traktor	جرار
U-Bahn	مترو
U-Boot	غواصة
Wohnwagen	قافلة
Zug	قطار

Familie
عائلة

Bruder	شقيق
Ehefrau	زوجة
Ehemann	الزوج
Enkel	حفيد
Grossmutter	جدة
Grossvater	جد
Kind	طفل
Kinder	الأطفال
Kindheit	مرحلة الطفولة
Mutter	أم
Mütterlich	الأم
Neffe	ابن أخ
Onkel	العم
Schwester	أخت
Tante	عمة
Tochter	ابنة
Vater	أب
Väterlich	الأب
Vetter	ابن عم
Vorfahr	سلف

Farben
الألوان

Azurblau	أزور
Beige	بيج
Blau	أزرق
Braun	بني
Fuchsie	فوشيا
Gelb	أصفر
Grau	رمادي
Grün	أخضر
Indigo	نيلي
Lila	أرجواني
Orange	برتقالي
Purpur	قرمزي
Rosa	وردي
Rot	أحمر
Schwarz	أسود
Sepia	بني داكن
Violett	بنفسج
Weiss	أبيض
Zyan	ازرق سماوي

Flugzeuge
الطائرات

Abenteuer	مغامرة
Abstieg	اصل
Atmosphäre	الغلاف الجوي
Ballon	بالون
Brennstoff	وقود
Crew	طاقم
Design	التصميم
Geschichte	التاريخ
Himmel	سماء
Höhe	ارتفاع
Konstruktion	بناء
Luft	هواء
Motor	محرك
Navigieren	التنقل
Passagier	راكب
Pilot	طيار
Propeller	مراوح
Turbulenz	اضطراب
Wasserstoff	هيدروجين
Wetter	طقس

Formen
الأشكال

Bogen	قوس
Dreieck	مثلث
Ecke	ركن
Hyperbel	القطع الزائد
Kanten	حواف
Kegel	مخروط
Kreis	دائرة
Kurve	منحنى
Linie	خط
Oval	البيضاوي
Polygon	مضلع
Prisma	موشور
Pyramide	هرم
Quadrat	مربع
Rechteck	مستطيل
Rund	مستدير
Seite	الجانب
Würfel	مكعب
Zylinder	اسطوانة

Garten
حديقة

Bank	مقعد
Baum	شجرة
Blume	زهرة
Boden	تربة
Busch	شوب
Garage	جارك
Garten	حديقة
Gras	عشب
Hängematte	أرجوحة
Obstgarten	بستان
Rechen	أشعل النار
Schaufel	مجرفة
Schlauch	خرطوم
Teich	بركة
Terrasse	مصطبة
Trampolin	الترامبولين
Unkraut	الأعشاب
Veranda	رواق
Zaun	سياج

Gartenarbeit
البستنة

Art	الأنواع
Blatt	ورقة
Blüte	زهر
Boden	تربة
Botanisch	نباتي
Container	وعاء
Essbar	صالح للأكل
Exotisch	غريب
Feuchtigkeit	رطوبة
Klima	مناخ
Kompost	سماد
Laub	أوراق الشجر
Obstgarten	بستان
Saat	بذور
Saisonal	موسمي
Schlauch	خرطوم
Schmutz	التراب
Strauss	باقة أزهار
Wasser	ماء

Gebäude
المباني

Bauernhof	مزرعة
Botschaft	السفارة
Fabrik	مصنع
Garage	جارك
Herberge	نزل
Hotel	فندق
Kabine	المقصورة
Kino	سينما
Krankenhaus	مستشفى
Labor	مختبر
Museum	متحف
Observatorium	مرصد
Scheune	حظيرة
Schule	مدرسة
Stadion	ملعب
Supermarkt	سوبر ماركت
Theater	مسرح
Turm	برج
Universität	جامعة
Zelt	خيمة

Gemüse
خضروات

Artischocke	خرشوف
Aubergine	باذنجان
Blumenkohl	قرنبيط
Brokkoli	بروكلي
Erbse	بازلاء
Gurke	خيار
Ingwer	زنجبيل
Karotte	جزر
Kartoffel	البطاطس
Knoblauch	ثوم
Kürbis	يقطين
Olive	زيتون
Petersilie	بقدونس
Pilz	فطر
Rübe	لفت
Salat	سلطة
Sellerie	كرفس
Spinat	سبانخ
Tomate	طماطم
Zwiebel	بصل

Geographie
الجغرافيا

Atlas	أطلس
Äquator	خط الاستواء
Berg	جبل
Breite	خط العرض
Fluss	نهر
Globus	كرة
Höhe	ارتفاع
Insel	جزيرة
Karte	خريطة
Kontinent	قارة
Land	بلد
Längengrad	خط الطول
Meer	بحر
Meridian	ميريديان
Norden	شمال
Ozean	محيط
Region	منطقة
Stadt	مدينة
Welt	العالمية
West	غرب

Geologie
جيولوجيا

Erdbeben	زلزال
Erosion	تآكل
Fossil	حفرية
Geschmolzen	منصهر
Geysir	سخان
Höhle	كهف
Kalzium	الكالسيوم
Kontinent	قارة
Koralle	المرجان
Lava	الحمم
Mineralien	المعادن
Plateau	هضبة
Quarz	مرو
Salz	ملح
Säure	حمض
Stalagmiten	الصواعد
Stein	حجر
Vulkan	بركان
Zone	منطقة
Zyklen	دورات

Geometrie
الهندسة

Anteil	نسبة
Berechnung	حساب
Dimension	البعد
Dreieck	مثلث
Durchmesser	قطر
Gleichung	معادلة
Horizontal	أفقي
Höhe	ارتفاع
Kreis	دائرة
Kurve	منحنى
Logik	منطق
Masse	كتلة
Nummer	رقم
Oberfläche	سطح
Parallel	موازي
Quadrat	مربع
Segment	قطعة
Symmetrie	تناظر
Theorie	نظرية
Winkel	زاوية

Geschäft
الأعمال

Arbeitgeber	صاحب العمل
Budget	ميزانية
Büro	مكتب
Einkommen	الإيرادات
Fabrik	مصنع
Geld	مال
Geschäft	متجر
Gewinn	ربح
Investition	استثمار
Karriere	مهنة
Kosten	التكلفة
Manager	مدير
Mitarbeiter	موظف
Rabatt	خصم
Steuern	الضرائب
Transaktion	عملية تجارية
Verkauf	بيع
Ware	بضائع
Währung	عملة
Wirtschaft	الاقتصاد

Gesundheit und Wellness #1
الصحة والعافية #1

Aktiv	نشط
Apotheke	صيدلية
Arzt	طبيب
Bakterien	بكتيريا
Behandlung	العلاج
Entspannung	استرخاء
Fraktur	كسر
Gewohnheit	عادة
Haut	جلد
Höhe	ارتفاع
Hunger	جوع
Klinik	عيادة
Knochen	عظام
Medizin	دواء
Medizinisch	طبي
Nerven	أعصاب
Reflex	منعكس
Therapie	علاج
Verletzung	إصابة
Virus	فيروس

Gesundheit und Wellness #2
الصحة والعافية #2

Allergie	حساسية
Anatomie	تشريح
Appetit	شهية
Blut	دم
Diät	حمية
Energie	طاقة
Ernährung	تغذية
Genetik	علم الوراثة
Gesund	صحي
Gewicht	وزن
Hygiene	النظافة
Infektion	عدوى
Krankenhaus	مستشفى
Krankheit	مرض
Massage	تدليك
Risiken	المخاطر
Schlafen	نوم
Sport	رياضات
Stress	ضغط
Vitamin	فيتامين

Gewürze
التوابل

Anis	اليانسون
Bitter	مر
Curry	كاري
Fenchel	الشمرة
Geschmack	نكهة
Ingwer	زنجبيل
Kardamom	حب الهال
Knoblauch	ثوم
Lakritze	عرق السوس
Muskatnuss	جوزة الطيب
Nelke	القرنفل
Paprika	فلفل أحمر
Pfeffer	فلفل
Safran	زعفران
Salz	ملح
Sauer	حامض
Süss	حلو
Vanille	الفانيل
Zimt	قرفة
Zwiebel	بصل

Haartypen
أنواع الشعر

Blond	أشقر
Braun	بني
Dick	سميك
Dünn	رقيق
Farbig	ملون
Geflochten	مضفر
Gesund	صحي
Grau	رمادي
Kahl	أصلع
Kurz	قصيرة
Lang	طويل
Locken	تجعيد الشعر
Lockig	مجعد
Schwarz	أسود
Silber	فضة
Trocken	جاف
Weich	ناعم
Weiss	أبيض
Wellig	متموج
Zöpfe	الضفائر

Haus
منزل

Besen	مكنسة
Bibliothek	مكتبة
Dach	سقف
Dachboden	علية
Dusche	دش
Fenster	نافذة
Garage	كراج
Garten	حديقة
Kamin	مدفأة
Küche	مطبخ
Lampe	مصباح
Möbel	أثاث
Schlafzimmer	غرفة نوم
Schlüssel	مفاتيح
Schornstein	مدخنة
Spiegel	مرآة
Tür	باب
Wand	حائط
Zaun	سياج
Zimmer	غرفة

Haustiere
الحيوانات الأليفة

Eidechse	سحلية
Essen	طعام
Fisch	سمك
Hase	أرنب
Hund	كلب
Katze	قط
Kätzchen	هريرة
Kragen	طوق
Krallen	مخالب
Kuh	بقرة
Leine	رباط
Maus	فأر
Papagei	ببغاء
Pfoten	الكفوف
Schildkröte	سلحفاة
Schwanz	ذيل
Tierarzt	طبيب بيطري
Wasser	ماء
Welpe	جرو
Ziege	ماعز

Ingenieurwesen
الهندسة

Achse	محور
Antrieb	الدفع
Berechnung	حساب
Diagramm	رسم بياني
Diesel	ديزل
Durchmesser	قطر
Energie	طاقة
Flüssigkeit	سائل
Getriebe	التروس
Hebel	العتلات
Konstruktion	بناء
Maschine	آلة
Messung	قياس
Motor	محرك
Stabilität	استقرار
Stärke	قوة
Struktur	هيكل
Tiefe	عمق
Verteilung	توزيع
Winkel	زاوية

Insekten
الحشرات

Ameise	نملة
Biene	نحلة
Blattlaus	المن
Floh	برغوث
Gottesanbeterin	فرس النبي
Heuschrecke	جندب
Hornisse	الدبور
Kakerlake	صرصور
Käfer	خنفساء
Larve	يرقة
Libelle	اليعسوب
Marienkäfer	الخنفساء
Motte	عثة
Mücke	البعوض
Schmetterling	فراشة
Termite	أرضة
Wespe	دبور
Wurm	دودة
Zikade	الزيز

Jazz
موسيقى الجاز

Album	ألبوم
Alt	قديم
Applaus	تصفيق
Berühmt	مشهور
Favoriten	المفضلة
Genre	النوع
Improvisation	الارتجال
Komponist	ملحن
Konzert	حفلة موسيقية
Künstler	فنان
Lied	أغنية
Musik	موسيقى
Musiker	الموسيقيون
Neu	الجديد
Orchester	أوركسترا
Rhythmus	إيقاع
Solo	منفرد
Stil	نمط
Talent	المواهب
Technik	تقنية

Kaffee
قهوة

Bitter	مر
Creme	كريم
Filter	فلتر
Flüssigkeit	سائل
Geröstet	مشوي
Geschmack	نكهة
Getränk	مشروب
Koffein	كافيين
Mahlen	طحن
Milch	حليب
Morgen	صباح
Preis	ثمن
Sauer	حمضي
Schwarz	أسود
Tasse	كوب
Ursprung	الأصل
Vielfalt	نوع
Wasser	ماء
Zucker	السكر

Kleidung
ملابس

Armband	سوار
Bluse	بلوزة
Gürtel	حزام
Halskette	قلادة
Handschuhe	قفازات
Hemd	قميص
Hose	سراول
Hut	قبعة
Jacke	السترة
Jeans	جينز
Kleid	فستان
Mantel	معطف
Mode	موضة
Pullover	سترة
Rock	تنورة
Schal	وشاح
Schlafanzug	ملابس نوم
Schmuck	مجوهرات
Schuh	حذاء
Schürze	مئزر

Kräuterkunde
الأعشاب

Aromatisch	عطري
Basilikum	ريحان
Blume	زهرة
Dill	شبت
Estragon	الطرخون
Fenchel	الشمرة
Garten	حديقة
Geschmack	نكهة
Grün	أخضر
Knoblauch	ثوم
Kulinarisch	الطهي
Lavendel	خزامى
Majoran	مردقوش
Petersilie	بقدونس
Qualität	جودة
Rosmarin	إكليل الجبل
Safran	زعفران
Thymian	زعتر
Vorteilhaft	مفيد
Zutat	العنصر

Kreativität
الإبداع

Ausdruck	التعبير
Authentizität	أصالة
Bild	صورة
Dramatisch	دراماتيكي
Eindruck	انطباع
Erfinderisch	مبدع
Fähigkeit	مهارة
Flüssigkeit	سيولة
Gefühle	مشاعر
Ideen	الأفكار
Inspiration	الإلهام
Intensität	شدة
Intuition	الحدس
Klarheit	وضوح
Künstlerisch	فني
Phantasie	خيال
Sensation	إحساس
Spontan	عفوية
Visionen	الرؤى
Vitalität	حيوية

Kunst
الفن

Ausdruck	التعبير
Ehrlich	صادق
Einfach	بسيط
Gegenstand	موضوع
Gemälde	لوحات
Inspiriert	ملهم
Keramik	سيراميك
Komplex	مركب
Original	أصلي
Persönlich	شخصي
Poesie	شعر
Porträtieren	تصوير
Skulptur	النحت
Stimmung	مزاج
Surrealismus	السريالية
Symbol	رمز
Visuell	بصري
Zusammensetzung	تكوين

Kunst Liefert
الفن مزاول

Acryl	أكريليك
Bleistifte	أقلام الرصاص
Bürsten	فرش
Farben	الألوان
Holzkohle	فحم
Ideen	الأفكار
Kamera	كاميرا
Kreativität	إبداع
Leim	صمغ
Öl	نفط
Papier	ورق
Radiergummi	ممحاة
Staffelei	الحامل
Stuhl	كرسي
Tabelle	طاولة
Tinte	حبر
Ton	طين
Wasser	ماء

Küche
مطبخ

Essen	طعام
Essstäbchen	عيدان
Gabeln	الشوك
Gefrierschrank	مجمد
Gewürze	توابل
Grill	شواية
Kelle	مغرفة
Krug	إبريق
Kühlschrank	ثلاجة
Löffel	الملاعق
Messer	سكاكين
Ofen	فرن
Rezept	وصفة
Schürze	مئزر
Schüssel	وعاء
Schwamm	إسفنج
Serviette	منديل
Tassen	أكواب
Wasserkocher	غلاية

Landschaften
المناظر الطبيعية

Berg	جبل
Eisberg	جبل جليد
Fluss	نهر
Geysir	سخان
Gletscher	مثلجة
Golf	الخليج
Halbinsel	شبه جزيرة
Höhle	كهف
Hügel	تل
Insel	جزيرة
Meer	بحر
Oase	واحة
See	بحيرة
Strand	شاطئ
Sumpf	مستنقع
Tal	وادي
Tundra	تندرا
Vulkan	بركان
Wasserfall	شلال
Wüste	صحراء

Länder #1
البلدان #1

Ägypten	مصر
Brasilien	البرازيل
Deutschland	ألمانيا
Finnland	فنلندا
Indien	الهند
Irak	العراق
Israel	إسرائيل
Italien	إيطاليا
Kambodscha	كمبوديا
Kanada	كندا
Lettland	لاتفيا
Mali	مالي
Nicaragua	نيكاراغوا
Norwegen	النرويج
Polen	بولندا
Rumänien	رومانيا
Senegal	السنغال
Spanien	إسبانيا
Venezuela	فنزويلا
Vietnam	فيتنام

Länder #2
البلدان #2

Albanien	ألبانيا
Äthiopien	أثيوبيا
Frankreich	فرنسا
Griechenland	اليونان
Haiti	هايتي
Irland	أيرلندا
Jamaika	جامايكا
Japan	اليابان
Kenia	كينيا
Laos	لاوس
Liberia	ليبيريا
Mexiko	المكسيك
Nepal	نيبال
Nigeria	نيجيريا
Pakistan	باكستان
Russland	روسيا
Sudan	السودان
Syrien	سوريا
Uganda	أوغندا
Ukraine	أوكرانيا

Literatur
الأدب

Analogie	القياس
Analyse	تحليل
Anekdote	حكاية
Autor	مؤلف
Beschreibung	وصف
Dialog	حوار
Erzähler	الراوي
Fiktion	خيال
Gedicht	قصيدة
Genre	النوع
Metapher	استعارة
Poetisch	شاعري
Reim	قافية
Rhythmus	إيقاع
Roman	رواية
Schlussfolgerung	استنتاج
Stil	نمط
Thema	موضوع
Tragödie	مأساة
Vergleich	مقارنة

Mathematik
الرياضيات

Arithmetik	حساب
Bruchteil	جزء
Dezimal	عشري
Dreieck	مثلث
Durchmesser	قطر
Exponent	أس
Geometrie	هندسة
Gleichung	معادلة
Grad	درجات
Parallel	مواز
Polygon	مضلع
Quadrat	مربع
Rechteck	مستطيل
Senkrecht	عمودي
Summe	مجموع
Symmetrie	تناظر
Umfang	محيط
Volumen	الصوت
Winkel	زوايا
Zahlen	الأرقام

Meditation
التأمل

Annahme	قبول
Aufmerksamkeit	انتباه
Bewegung	حركة
Dankbarkeit	شكر
Freundlichkeit	اللطف
Frieden	سلام
Gedanken	أفكار
Geistig	عقلي
Glück	سعادة
Klarheit	وضوح
Lehre	تعاليم
Lernen	يتعلم
Mitgefühl	عطف
Musik	موسيقى
Natur	طبيعة
Perspektive	المنظور
Ruhig	هدوء
Stille	الصمت
Verstand	عقل
Wach	مستيقظ

Menschlicher Körper

جسم الإنسان

Bein	رجل
Blut	دم
Ellbogen	كوع
Finger	إصبع
Gehirn	دماغ
Gesicht	وجه
Hals	رقبة
Hand	يد
Haut	جلد
Herz	قلب
Kiefer	فك
Kinn	ذقن
Knie	ركبة
Knöchel	كاحل
Kopf	رئيس
Mund	فم
Nase	أنف
Ohr	أذن
Schulter	كتف
Zunge	لسان

Messungen

القياسات

Breite	عرض
Byte	بايت
Dezimal	عشري
Gewicht	وزن
Grad	درجة
Gramm	غرام
Höhe	ارتفاع
Kilogramm	كيلوغرام
Kilometer	كيلومتر
Länge	الطول
Liter	لتر
Masse	كتلة
Meter	متر
Minute	دقيقة
Tiefe	عمق
Tonne	طن
Unze	أوقية
Volumen	الصوت
Zentimeter	سنتيمتر
Zoll	بوصة

Mode

أزياء

Anspruchsvoll	متطور
Bescheiden	متواضع
Boutique	بوتيك
Einfach	بسيط
Elegant	أنيق
Kleidung	ملابس
Komfortabel	مريح
Minimalistisch	الحد الأدنى
Modern	حديث
Original	أصلي
Praktisch	عملي
Spitze	الدانتيل
Stickerei	تطريز
Stil	نمط
Stoff	قماش
Tasten	أزرار
Teuer	مكلفة
Textur	نسيج
Trend	اتجاه

Musik

موسيقى

Album	ألبوم
Aufnahme	تسجيل
Ballade	أغنية
Chor	جوقة
Harmonie	انسجام
Harmonisch	متناسق
Improvisieren	تحسين
Instrument	أداة
Klassisch	كلاسيكي
Lyrisch	غنائية
Melodie	لحن
Mikrofon	ميكروفون
Musical	موسيقي
Oper	أوبرا
Poetisch	شاعري
Rhythmisch	إيقاعي
Rhythmus	إيقاع
Sänger	المغني
Singen	غنى
Tempo	الإيقاع

Musikinstrumente

آلات موسيقية

Banjo	البانجو
Cello	التشيلو
Fagott	باسون
Flöte	ناي
Geige	كمان
Gitarre	قيثارة
Glockenspiel	الدقات
Gong	ناقوس
Harfe	جنك
Klarinette	مزمار
Klavier	بيانو
Mandoline	مندولين
Mundharmonika	هارمونيكا
Oboe	المزمار
Posaune	الترومبون
Saxophon	ساكسفون
Schlagzeug	قرع
Tamburin	دف صغير
Trommel	طبل
Trompete	بوق

Mythologie

الميثولوجيا

Blitz	برق
Donner	رعد
Eifersucht	الغيرة
Held	بطل
Heldin	بطلة
Himmel	السماء
Katastrophe	كارثة
Kreation	خلق
Kreatur	مخلوق
Krieger	محارب
Kultur	ثقافة
Labyrinth	متاهة
Legende	أسطورة
Magisch	سحري
Monster	مسخ
Rache	انتقام
Stärke	قوة
Sterblich	مميت
Unsterblichkeit	خلود
Verhalten	سلوك

Natur
الطبيعة

Arktis	القطب الشمالي
Berge	الجبال
Bienen	النحل
Dynamisch	متحرك
Erosion	تآكل
Fluss	نهر
Friedlich	سلمي
Gletscher	مثلجة
Heiligtum	ملاذ
Heiter	هادئ
Laub	أوراق الشجر
Lebenswichtig	حيوي
Nebel	ضباب
Schönheit	جمال
Schutz	مأوى
Tiere	الحيوانات
Tropisch	استوائي
Wald	غابة
Wild	بري
Wüste	صحراء

Obst
فاكهة

Ananas	أناناس
Apfel	تفاح
Aprikose	مشمش
Avocado	أفوكادو
Banane	موز
Beere	بيري
Birne	كمثرى
Brombeere	بلاك بيري
Grapefruit	الجريب فروت
Himbeere	توت العليق
Kirsche	كرز
Kiwi	كيوي
Kokosnuss	جوز الهند
Melone	شمام
Orange	برتقالي
Papaya	بابايا
Pfirsich	خوخ
Pflaume	برقوق
Traube	عنب
Zitrone	ليمون

Ozean
محيط

Aal	ثعبان
Algen	الطحالب
Auster	محار
Boot	قارب
Delfin	دولفين
Fisch	سمك
Garnele	جمبري
Gezeiten	المد والجزر
Hai	قرش
Koralle	المرجان
Krabbe	سرطان
Krake	أخطبوط
Qualle	قنديل البحر
Salz	ملح
Schildkröte	سلحفاة
Schwamm	إسفنج
Sturm	عاصفة
Thunfisch	تونة
Wal	حوت
Wellen	أمواج

Ökologie
علم البيئة

Art	الأنواع
Berge	الجبال
Dürre	جفاف
Fauna	الحيوانات
Flora	النباتية
Freiwillige	المتطوعون
Gemeinschaft	مجتمعات
Global	عالمي
Klima	مناخ
Lebensraum	الموئل
Marine	البحرية
Nachhaltig	مستدام
Natur	طبيعة
Natürlich	طبيعي
Pflanzen	نباتات
Ressourcen	الموارد
Sumpf	اهوار
Überleben	نجاة
Vegetation	نبت
Vielfalt	تنوع

Pflanzen
النباتات

Bambus	بامبو
Baum	شجرة
Beere	بيري
Blatt	ورقة
Blume	زهرة
Blütenblatt	البتلة
Bohne	فاصوليا
Botanik	علم النبات
Busch	بوش
Dünger	سماد
Efeu	لبلاب
Flora	النباتية
Garten	حديقة
Kaktus	صبار
Kraut	عشب
Laub	أوراق الشجر
Moos	طحلب
Vegetation	نبت
Wald	غابة
Wurzel	جذر

Physik
الفيزياء

Atom	ذرة
Beschleunigung	تسريع
Chaos	فوضى
Dichte	كثافة
Elektron	إلكترون
Experiment	تجربة
Formel	معادلة
Frequenz	تردد
Gas	غاز
Geschwindigkeit	سرعة
Magnetismus	المغناطيسية
Masse	كتلة
Mechanik	ميكانيك
Molekül	مركب
Motor	محرك
Nuklear	نووي
Partikel	جسيم
Relativität	النسبية
Universal	عالمي
Variable	متغير

Psychologie
علم النفس

Bewertung	تقيم
Bewusstlos	فاقد الوعي
Ego	الأنا
Einflüsse	تأثيرات
Erinnerungen	ذكريات
Gedanken	أفكار
Ideen	الأفكار
Kindheit	مرحلة الطفولة
Klinisch	مرضي
Kognition	معرفة
Konflikt	نزاع
Persönlichkeit	شخصية
Problem	مشكلة
Sensation	إحساس
Termin	موعد
Therapie	علاج
Träume	أحلام
Verhalten	سلوك
Wahrnehmung	الإدراك
Wirklichkeit	واقع

Regierung
الحكومة

Bezirk	منطقة
Demokratie	ديمقراطية
Denkmal	نصب
Diskussion	نقاش
Freiheit	حرية
Friedlich	سلمي
Führer	زعيم
Gerechtigkeit	عدالة
Gesetz	قانون
Gleichheit	المساواة
Nation	أمة
National	وطني
Politik	سياسة
Rechte	حقوق
Rede	خطاب
Staat	حالة
Symbol	رمز
Unabhängigkeit	استقلال
Verfassung	دستور
Zivil	مدني

Restaurant #2
مطعم رقم 2

Abendessen	عشاء
Eier	بيض
Eis	جليد
Fisch	سمك
Frucht	فاكهة
Gabel	شوكة
Gemüse	خضروات
Getränk	مشروب
Gewürze	توابل
Kellner	النادل
Köstlich	لذيذ
Kuchen	كيك
Löffel	ملعقة
Mittagessen	غداء
Nudeln	المعكرونة
Salat	سلطة
Salz	ملح
Stuhl	كرسي
Suppe	حساء
Wasser	ماء

Säugetiere
الثدييات

Affe	قرد
Bär	يتحمل
Biber	سمور
Elefant	الفيل
Fuchs	فوكس
Giraffe	زرافة
Gorilla	غوريلا
Hund	كلب
Känguru	كنغر
Kojote	ذئب البراري
Löwe	أسد
Panther	النمر
Pferd	حصان
Ratte	جرذ
Schaf	خروف
Stier	ثور
Tiger	نمر
Wal	حوت
Wolf	ذئب
Zebra	حمار وحشي

Schach
شطرنج

Champion	بطل
Diagonal	قطري
Gegner	الخصم
Klug	ذكي
König	ملك
Königin	ملكة
Lernen	يتعلم
Opfer	تضحية
Passiv	مبني للمجهول
Punkte	النقاط
Regeln	قواعد
Schwarz	أسود
Spiel	لعبة
Spieler	لاعب
Strategie	إستراتيجية
Turnier	مسابقة
Weiss	أبيض
Wettbewerb	منافسة
Zeit	الوقت

Schönheit
بيوتي

Anmut	نعمة
Charme	سحر
Dienstleistungen	خدمات
Duft	عطور
Elegant	أنيق
Eleganz	أناقة
Farbe	اللون
Fotogen	رقيق
Glatt	ناعم
Haut	جلد
Lippenstift	أحمر الشفاه
Locken	تجعيد الشعر
Öle	زيوت
Produkte	منتجات
Schere	مقص
Shampoo	شامبو
Spiegel	مرآة
Stylist	حلاق
Wimperntusche	ماسكارا

Science Fiction
الخيال العلمي

Bücher	الكتب
Chemikalien	مواد كيميائية
Explosion	انفجار
Extrem	متطرف
Fantastisch	رائع
Fern	بعيد
Feuer	نار
Futuristisch	مستقبلية
Geheimnisvoll	غامض
Illusion	وهم
Imaginär	وهمي
Kino	سينما
Orakel	وحي
Planet	كوكب
Realistisch	واقعي
Roboter	الروبوتات
Szenario	السيناريو
Technologie	تقنية
Utopie	يوتوبيا
Welt	العالمية

Sport
رياضة

Athlet	رياضي
Diät	حمية
Ernährung	تغذية
Fähigkeit	القدرة
Gesundheit	الصحة
Joggen	الركض
Knochen	عظام
Körper	جثة
Maximieren	تعظيم
Metabolisch	الأيض
Muskel	عضلات
Programm	برنامج
Radfahren	ركوب الدراجات
Schwimmen	للسباحة
Sport	رياضات
Stärke	قوة
Tanzen	الرقص
Trainer	مدرب
Ziel	هدف

Stadt
مدينة

Apotheke	صيدلية
Bank	بنك
Bäckerei	مخبز
Bibliothek	مكتبة
Blumenhändler	منسق زهور
Flughafen	مطار
Galerie	معرض
Hotel	فندق
Kino	سينما
Klinik	عيادة
Markt	سوق
Museum	متحف
Restaurant	مطعم
Salon	صالون
Schule	مدرسة
Stadion	ملعب
Supermarkt	سوبر ماركت
Theater	مسرح
Universität	جامعة
Zoo	حديقة حيوان

Tage und Monate
الأيام والأشهر

August	أغسطس
Dezember	ديسمبر
Dienstag	الثلاثاء
Donnerstag	الخميس
Februar	فبراير
Freitag	الجمعة
Jahr	سنة
Januar	يناير
Juli	يوليو
Juni	يونيو
Kalender	تقويم
Mittwoch	الأربعاء
Monat	شهر
Montag	الاثنين
November	نوفمبر
Oktober	أكتوبر
Samstag	السبت
September	سبتمبر
Sonntag	الأحد
Woche	أسبوع

Tanzen
الرقص

Akademie	الأكاديمية
Anmut	نعمة
Ausdrucksvoll	معبرة
Bewegung	حركة
Choreographie	الكوريغرافيا
Emotion	عاطفة
Freudig	مرح
Haltung	الموقف
Klassisch	كلاسيكي
Körper	جثة
Kultur	ثقافة
Kulturell	ثقافي
Kunst	فن
Musik	موسيقى
Partner	شريك
Probe	بروفة
Rhythmus	إيقاع
Springen	قفز
Traditionell	تقليدي
Visuell	بصري

Technologie
تقنية

Anzeige	عرض
Bildschirm	شاشة
Blog	مدونة
Browser	المتصفح
Bytes	بايت
Computer	الحاسوب
Cursor	المؤشر
Datei	ملف
Daten	البيانات
Digital	رقمي
Forschung	بحث
Internet	إنترنت
Kamera	كاميرا
Nachricht	رسالة
Schriftart	خط
Sicherheit	أمن
Software	برمجيات
Statistik	الإحصاء
Virtuell	افتراضية
Virus	فيروس

Universum
الكون

Asteroid	الكويكب
Astronom	فلكي
Astronomie	علم الفلك
Atmosphäre	الغلاف الجوي
Äquator	خط الاستواء
Breite	خط العرض
Dunkelheit	ظلام
Himmel	سماء
Himmlisch	سماوي
Horizont	أفق
Kosmisch	كوني
Längengrad	خط الطول
Mond	قمر
Orbit	فلك
Sichtbar	مرئي
Solar	شمسي
Sonnenwende	الانقلاب
Teleskop	مقراب
Tierkreis	البروج

Urlaub #2
عطلة #2

Ausländer	أجنبي
Berge	الجبال
Camping	تخييم
Flughafen	مطار
Freizeit	الترفيه
Hotel	فندق
Insel	جزيرة
Karte	خريطة
Meer	بحر
Pass	جواز سفر
Reise	رحلة
Restaurant	مطعم
Strand	شاطئ
Taxi	تاكسي
Transport	النقل
Urlaub	عطلة
Visum	تأشيرة
Zelt	خيمة
Ziel	وجهة
Zug	قطار

Vögel
الطيور

Adler	نسر
Ei	بيضة
Ente	بطة
Eule	بومة
Flamingo	نحام
Gans	إوز
Huhn	دجاج
Krähe	غراب
Kuckuck	الوقواق
Möwe	نورس
Papagei	ببغاء
Pelikan	البجع
Pfau	الطاووس
Pinguin	البطريق
Rabe	الغراب
Reiher	نورس
Schwan	بجعة
Spatz	عصفور
Storch	اللقلق
Taube	حمامة

Wandern
التنزه

Berg	جبل
Camping	تخييم
Gefahren	المخاطر
Gipfel	قمة
Karte	خريطة
Klima	مناخ
Klippe	جرف
Müde	متعب
Natur	طبيعة
Orientierung	اتجاه
Parks	الحدائق
Schwer	ثقيل
Sonne	شمس
Steine	الحجارة
Stiefel	أحذية
Tiere	الحيوانات
Vorbereitung	تحضير
Wasser	ماء
Wetter	طقس
Wild	بري

Wetter
الطقس

Atmosphäre	الغلاف الجوي
Blitz	برق
Brise	نسيم
Donner	الرعد
Dürre	جفاف
Eis	جليد
Feucht	رطب
Himmel	سماء
Klima	مناخ
Nebel	الضباب
Polar	قطبي
Regenbogen	قوس قزح
Ruhig	هدوء
Sturm	عاصفة
Temperatur	درجة الحرارة
Tornado	إعصار
Trocken	جاف
Tropisch	استوائي
Wind	ريح
Wolke	سحابة

Wissenschaftliche Disziplinen
التخصصات العلمية

Anatomie	تشريح
Archäologie	علم الآثار
Astronomie	علم الفلك
Biologie	بيولوجيا
Botanik	علم النبات
Chemie	كيمياء
Geologie	جيولوجيا
Immunologie	علم المناعة
Kinesiologie	علم الحركة
Linguistik	لسانيات
Mechanik	ميكانيك
Mineralogie	علم المعادن
Neurologie	علم الأعصاب
Ökologie	علم البيئة
Physik	الفيزياء
Physiologie	فيزيولوجيا
Psychologie	علم النفس
Robotik	الروبوتات
Soziologie	علم الاجتماع
Zoologie	علم الحيوان

Zahlen
أرقام

Acht	ثمانية
Achtzehn	ثمانية عشر
Dezimal	عشري
Drei	ثلاثة
Dreizehn	ثلاثة عشر
Fünf	خمسة
Fünfzehn	خمسة عشر
Neun	تسعة
Neunzehn	تسعة عشر
Null	صفر
Sechs	ستة
Sechzehn	ستة عشر
Sieben	سبعة
Siebzehn	سبعة عشر
Vier	أربعة
Vierzehn	أربعة عشر
Zehn	عشرة
Zwanzig	عشرون
Zwei	اثنان
Zwölf	اثنا عشر

Zeit
الوقت

Früh	مبكرا
Gestern	أمس
Heute	اليوم
Jahr	سنة
Jahrhundert	قرن
Jahrzehnt	العقد
Jährlich	سنوي
Jetzt	الآن
Kalender	تقويم
Minute	دقيقة
Mittag	وقت الظهيرة
Monat	شهر
Morgen	صباح
Nach	بعد
Nacht	الليل
Stunde	ساعة
Tag	يوم
Vor	قبل
Woche	أسبوع
Zukunft	مستقبل

Zirkus
سيرك

Affe	قرد
Akrobat	بهلوان
Clown	مهرج
Elefant	الفيل
Fahrkarte	تذكرة
Jongleur	المحتال
Kostüm	زي
Löwe	أسد
Magie	سحر
Musik	موسيقى
Parade	موكب
Spektakulär	مذهل
Tiere	الحيوانات
Tiger	نمر
Trick	حيلة
Unterhalten	ترفيه
Zauberer	ساحر
Zeigen	عرض
Zelt	خيمة
Zuschauer	المشاهد

Zu Füllen
للتعبئة

Becken	حوض
Box	علبة
Eimer	دلو
Fass	برميل
Flasche	زجاجة
Karton	كرتون
Kiste	قفص
Koffer	حقيبة سفر
Korb	سلة
Krug	جرة
Mappe	مجلد
Paket	حزمة
Rohr	أنبوب
Schiff	وعاء
Schublade	الدرج
Tablett	صينية
Tasche	جيب
Umschlag	مغلف
Vase	زهرية

Gratuliere

Sie haben es geschafft !!

Wir hoffen, dass euch dieses Buch genauso viel Spaß gemacht hat wie uns dessen Herstellung. Wir tun unser Bestes, um qualitativ hochwertige Spiele zu erfinden. Diese Rätsel sind auf eine clevere Art und Weise entworfen, damit sie aktiv lernen und daran Vergnügen finden.

Hat ihnen das Buch gefallen ?

Eine einfache Bitte

Unsere Bücher existieren dank der Rezensionen, die sie veröffentlichen. Können sie uns helfen indem sie jetzt eine Meinung hinterlassen ?

Hier ist ein kurzer Link, der Sie zu ihrer Bewertungsseite führt

BestBooksActivity.com/Rezension50

MONSTER HERAUSFÖRDERUNGEN !

Herausförderung 1

Bereit für ihr Bonusspiel? Wir verwenden sie ständig, aber sie sind nicht einfach zu finden. Es sind die Synonyme !

Notieren sie 5 Wörter, die sie in den untenstehenden Rätseln (Nummer 21, 36 und 76) entdeckt haben und versuchen sie für jedes Wort 2 Synonyme zu finden .

Notieren sie 5 Wörter aus Rätsel 21

Wörter	Synonym 1	Synonym 2

Notieren sie 5 Wörter aus Rätsel 36

Wörter	Synonym 1	Synonym 2

Notieren sie 5 Wörter aus Rätsel 76

Wörter	Synonym 1	Synonym 2

Herausförderung 2

Jetzt, wo sie warm sind, notieren sie 5 Wörter, die sie in jedem der untenaufgeführten Rätseln entdeckt haben (Nummer 9, 17 und 25) und versuchen sie für jedes Wort 2 Antonyme zu finden. Wie viele davon können sie binnen 20 Minuten finden ?

*Notieren sie 5 Wörter aus **Rätsel 9***

Wörter	Antonym 1	Antonym 2

*Notieren sie 5 Wörter aus **Rätsel 17***

Wörter	Antonym 1	Antonym 2

*Notieren sie 5 Wörter aus **Rätsel 25***

Wörter	Antonym 1	Antonym 2

Herausförderung 3

Wunderbar, diese Monster Herausförderung 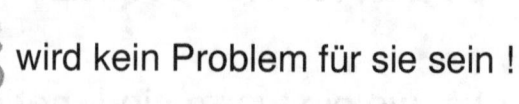 wird kein Problem für sie sein !

Bereit für die letzte Herausförderung? Wählen sie ihre 10 Lieblingswörter aus, die sie in einem Rätsel entdeckt haben und notieren sie sie unten.

1.	6.
2.	7.
3.	8.
4.	9.
5.	10.

Die Aufgabe besteht nun darin mit diesen Wörtern und in maximal sechs Sätzen einen Text herzustellen über eine Person, ein Tier oder ein Ort den sie lieben !

Tipp : sie können die letzten leeren Seiten dieses Buches als Entwurf verwenden

Ihr Schreiben :

NOTIZBUCH :

AUF BALDIGES WIEDERSEHEN !

Linguas Classics

KOSTENLOSE SPIELE GENIESSEN

GO

↓

BESTACTIVITYBOOKS.COM/FREEGAMES